若者たちへ
伝えたいお話

はじめに

　今の世の中には、うれしいものとして、新作のアニメやゲーム、VRやロボットなどがありますね。さらにジャンルを広げると宇宙科学や医学の進歩、新薬の開発などもあげられます。
　一方ではうれしくない困ったものもたくさんあって、不安になることもあるでしょう。
　そこで、そうした困った事がらを、これから君たち（学生・息子・娘など）と先輩たち（教員・父・母など）との対話を重ねつつ、なにが問題なのか？　どうしてそうなったの？　これからどうしたらいいのかなどを話し合ったり、調べたり、考えたりして解決への光明を探しましょう。それは、君たちが幸せになってほしい思いからです。
　がんばって書いたつもりですが、書きすぎたことや書き足りないことがあるでしょうから、それらは自身で考えたり、調べたりしてください。そういったことはとても大切なことです。

はじめに …… 3

1．身近なテーマについての対話 …… 6
1）学生と教員の間で …… 6
　　①大学生の奨学金制度の実態　／　②学業とアルバイトの両立の難しさ
2）息子と父の間で …… 9
　　①北朝鮮の核問題について　／　②戦争はダメ、平和憲法を大切に
　　③テロはなくせないの？
3）娘と母親の間で …… 15
　　①原発の再稼働に異議あり！　／　②女性問題はなにがあるの？

2．差し迫ったテーマについての対策 …… 18
1）自然災害について …… 18
　　①東南海巨大地震の対策は？　／　②原子力発電がダメなわけは？
　　③各国の地球温暖化対策は？　／　④日本は環境後進国？
　　⑤新かんがい法を提案　／　⑥水中触媒燃焼法の提案
　　⑦再生可能エネルギーは政治課題　／　⑧私たちの節電で10％も節電
2）社会災害について …… 29
　　①ますます広がる所得の格差　／　②選挙制度の改革　／　③税制の改革
　　④IT・AI社会の行く末　／　⑤今後のものづくりのポイント
　　⑥最近のNHKの傾向　／　⑦二つのグローバリゼーション
　　⑧農村は元気になって！　／　⑨沖縄を独立国にしたいの？
　　⑩GM食品ってなに？　／　⑪「種子法」の廃止は大いに困る
　　⑫イスラム教はコワイものなの？

3．革命の歴史から学ぼう …… 42
1）世界10大革命と体制の変化 …… 42
　　（1）イギリス革命　／　（2）アメリカ独立革命　／　（3）フランス革命
　　（4）ロシア革命　／　（5）ドイツ革命　／　（6）中国革命
　　（7）ベトナム革命　／　（8）キューバ革命　／　（9）エジプト革命

（10）イラン革命

２）革命現象の考察 …… 58

　　　（１）革命が起こる数式　／　（２）革命の先鋭化
　　　（３）革命に血が流れる理由　／　（４）血を流さないためには
　　　（５）現在の政治体制の傾向

３）革命達成後の古い社会主義国の正体は …… 60

４．解決へのアドバイス …… 61

　　　１）君のパワーアップは、どうしたら？　／　２）科学の成果はスゴイ！
　　　３）IT・AI応用のものづくり　／　４）今からのおもしろい仕事は？
　　　５）すみ分けと助け合い　／　６）協同組合方式が広がるといいな
　　　７）大企業への社会的規制の強化　／　８）企業の民主化
　　　９）SNS問題について　／　１０）フェイクニュースを見破る
　　　１１）北欧諸国やスイスのよい特徴　／　１２）性教育の問題
　　　１３）自分の時間を確保しよう

５．AIは、幸せをもたらすか？ …… 69

　　　１）機械学習の進化
　　　２）ディープラーニングの構築と商品展開
　　　３）アルファ碁ゼロへの進化
　　　４）AIの活用は、君らを幸せにします
　　　５）AI利用のリスクマネジメント
　　　６）人の優位を保つには？
　　　【用語メモ】

おわりに …… 77
参考文献 …… 79

付録 …… 80

付録１　「戦後ゼロ年　東京ブラックホール」　／　付録２　イギリス革命論
付録３　フランス革命論　／　付録４　ロシア革命論

1．身近なテーマについての対話

　身近な世の中のテーマについて、学生・教員・父母の間での対話からはじめましょう。

1）学生と教員の間で

①大学生の奨学金制度の実態

学生A：先生、学生は日本学生支援機構からどれくらい奨学金を借りてますか？
先生：学生数の約2分の1の133万人の卒業時の借入額は平均313万円で、月々の返済額は1万7000円と正規社員でも負担は大きいんだ。非正規社員であれば、結婚にも支障をきたすことになるな。
学生B：給付型か授業料無料だったらいいんだけど。高校生で中学生の時に修学援助を受けていた人にも適用してほしいな。
先生：そう、授業料減免制度は一部にはあるけど、国の給付型は昔からなくて、貸与型だけだったんだ。義務教育後の子どもの教育費の負担は親の責任とされてきたからな。
学生A：だったら、高等教育の成果は家と個人のものとなってしまいませんか？　これって、すごくおかしいと思いますよ。
先生：そうなんだ。個人のものとする限り、国や社会に貢献することよりも、高額の学費を取り戻そうとして、自分の出世や金

もうけや天下りが露骨になってしまうな。
学生Ｂ：先進国では、どうなっていますか？
先生：欧米では早くから有能な人材は国家の財産であるとして、国家が責任をもって教育する義務を負うものとされてきた。それで、授業料無料のうえに、給付型奨学金が支給される国がほとんどだ。OECD※35か国のうち、給付型奨学金がないのは日本だけという、ここでも日本社会の後進性が見てとれるな。
学生Ａ：少しは、改善しているのかな？
先生：世論に押されて30年度から給付型がはじまるが、給付額は少額な上に、住民税非課税所帯または生活保護受給所帯という条件がついているいるよ。条件がきびしいようだね。
学生Ｂ：給付型をもらうとバイトをしなくてすむので、勉学に身がはいりますよ。感謝して、国に恩返しをしなきゃね。
先生：それって、すごく大事なことなんだ。

　あるアンケート結果によれば、卒業までの借入総額が500万円以上の人が１割もいて、そのうち４割の人が月３万円強の返還をしています。返還は正規でも39％、非正規では56％が苦しいとの回答です。いずれも、結婚などの人生設計に支障をきたしていると答えています。
※OECD（経済協力開発機構）とは、先進国間の自由な意見交換・情報交換を通じて経済成長、貿易自由化、途上国支援に貢献することを目的としている組織。

②学業とアルバイトの両立の難しさ

先生：寝てる君、起きろよ！　大事なところだ。期末試験も近いのに、本当に困ったもんだ。
〈ほかの学生のつぶやき：寝てる学生は出てるだけマシだよね……。〉
先生：寝てた君、授業後に私の教員室にきなさい。
学生Ａ：アルバイトが朝まであって、寝ないで出席していまして……。
先生：アルバイトもほどほどにしないとな、学生の本分は勉強だろう？　親に申し訳ないだろう。それに奨学金があるだろう？
学生Ａ：ええ、でも足りないんです。仕送りが減って、バイト増やしちゃったもんですから。
先生：私大の授業料は高いうえに、減免の枠はせまいしな。
学生Ａ：一番困るのは、試験日がアルバイトと重なることあるんです。店長は店のことしか頭にないもんで。
先生：国が考えてくれるといいんだが。今度の学生部委員会で、授業料減免枠拡大のことを話題にしてみるよ。まずは体をこわさないよう気をつけることだな。

　アルバイトはお金を稼ぐことのほかに、社会勉強にもなるのですが、度を超すとまずいことになります。
　調べてみると、ブラックバイトの実態がわかってきました。具体的にはシフト優先、サービス残業、売り上げノルマ、自己買い上げ、休憩時間なし、壊し商品の弁償、賃金のごまかし、後任探しなどがあります。

対策は、前もっての下調べや契約時の書面をきちんと確認すること、トラブルの相談などでしょうか。

2）息子と父の間で

①北朝鮮の核問題について

息子：父さん、北朝鮮はなぜ、ビンボーなのに核実験やミサイル発射をくり返すの？
父：南の韓国は、アメリカの"核の傘"にあるけど、自分たちの体制を守るには自前の核が必要と信じてるからだよ。67年前の朝鮮戦争は今は休戦中だけど、南北は対立のままなんだ。北朝鮮は時どき韓国を挑発するし、米韓のすごい軍事演習も定期的にあるだろう。
娘：訪日したトランプ大統領は11月7日、数千億円の兵器購入を安倍総理に確約させたよ。
父：うがった見方をすれば、北朝鮮のたび重なる挑発は、日米の軍事企業にとっては歓迎すべきものとなっているわけだね。アメリカにとっては兵器が売れてよいし、日本の軍事産業にとっても歓迎できる。安倍政権にとってもなにかとよいと考えられるが。
息子：テレビで見たけど、アメリカの巨艦空母打撃群とか戦略爆撃機B1なんかの北朝鮮包囲の軍事作戦はすごい！　アメリカの軍事力は圧倒的だよね。

父：北朝鮮は、チュニジアやイラクがアメリカによってつぶされたのを見て、核武装すればつぶされないと思っているわけだね。それに、朝鮮戦争末期のマッカーサー総司令官の原爆投下による北朝鮮の壊滅作戦案のトラウマもあるだろうな。

娘：へー、そんなことがあったとは。

父：当時の北朝鮮は、ソ連の"核の傘"にあって、それがアメリカの核使用の軍事的な抑止力になってたんだ。それに1950年3月に行なわれたのストックホルム・アピールに応じた国際署名の高まり（世界で5億人、日本で645万人）は平和的な抑止力になり、アメリカの大統領だったトルーマンはマッカーサーを解任したんだ。それで、核戦争を危うく回避できたたんだ。

母：今は金正恩とトランプとの脅し合いみたいだけど、まちがって核ミサイルの打ち合いになったら大変だわ。

父：北朝鮮がやられると思うけど、アメリカよりも距離が近い韓国や日本の被害は大変なものになるだろう。核戦争は絶対にダメだ！！

娘：そうなる前に、なにかできないのかな？

父：国連はずっと前から北朝鮮の核拡散防止条約違反による制裁決議をやってきたんだが、けっこう効いているのかな。

息子：昨日の夜のテレビで池上彰さん言ってたよ。アフリカ諸国の中には建国時の恩義を感じて協力国があったりするとか。北朝鮮は苦しまぎれに麻薬・武器・銅像輸出などやドル紙幣の密造だったとか、最近は「瀬取り」もあって、制裁の効き目が弱いとも。

娘：日本政府は対話のリード役になれないのかな？

父：そうだな、昨夜のEテレでやってたが、1920年、国際連盟事

務次長だった新渡戸稲造がスウェーデンとフィンランドの難しい領土問題を見事に解決したのをみて、日本も対話のリード役をやれると思うよ。新渡戸稲造は、著書『武士道』の"刀を抜かない自制心、抜く前にすることがある"という信念で仲介にあたったそうだ。安倍総理もいいことして、花道を飾ったらいいのにね。

息子：そうなってほしいな、本当に。

父：この7月7日（2017年）、国連の交渉会議において採決された核兵器禁止条約が、12月4日の国連総会にて決議されたけど、情けないことに日本政府は賛成しなかったんだ。

母：10月6日には、核兵器廃絶をキャンペーンするICAN※がノーベル平和賞をもらったことは、まったくタイムリーだったわ。被爆者のサーロー節子さんのスピーチ、格調高くて感動しちゃったなあ。

娘：サーロー節子さんのスピーチ、私も聞いたよ。とってもよかったわ！"核兵器は必要悪ではなく、絶対悪です。……ヒバクシャは72年にわたり禁止を待ち望んできました。これを核兵器の終わりのはじまりにしましょう……"これからは、私たちの仕事がはじまるのよ。兄ちゃんもそう思うでしょ。

息子：そうだね。核汚染に敏感な女性の力は大きいな。核兵器をなくすのは人類の悲願だ。みんなで声を合わせよう。

母：核廃絶への根本的な解決は、全面的禁止しかないと思うの。だけど、この先どうしたらいいのかな？

父：今、現実に北朝鮮の核の脅威のもとでは、核保有国は核兵器禁止条約に賛成できないと思うよ。

母：核の暴発戦争の危機から核廃絶が世界的に高まると、核保有国も核を保有することのバカバカしさがわかってくると思うわ。

だって、使えないものを持ち続ける無駄と危険さに気がつくでしょうよ。核兵器のすさまじさは広島や長崎の被害を見ればわかるのにね。しかも、今の核兵器の規模は広島、長崎の数十倍、数百倍の威力があるんだよ。
父：そこで日本は、唯一の被爆国として国連に、特にアメリカ、ロシア、イギリス、フランス、中国、そしてインド、パキスタン、イスラエル８か国参加の核禁止交渉会議の再開催を主導すべきと思うね。
息子：核放棄の最初はフランスかな？　アメリカと北朝鮮が最後かも。
娘：そうなるには、どうしたらいいの？
父：核を放棄しない北朝鮮を核保有国と認めて、制裁の緩和を条件に核禁止交渉会議への参加を求める。応じなければ、制裁を強めると宣告するという流れ。
母：北朝鮮の核の廃絶の段階に応じて、経済援助を増やすってのは、有効かもね。日本は経済制裁緩和の条件に拉致問題の改善を求めるべきとも思うわ。
息子：核の抑止力に固執する限り、核拡散は防げないからね。
父：これには、すごく時間がかかると思うけど、粘りずよくやるしかないな。
息子：２月の平昌オリンピックで南北が接近した後、文大統領のはたらきで５月には米朝の首脳会談が実現しそうだね。
父：ほっと、ひと安心だ。これで北朝鮮の核の廃絶につながり、日本も参加できるといいんだがな。従軍慰安婦の問題もあるし。
※ICANとは「核兵器廃絶国際キャンペーン」のことで、世界101か国468団体参加のNGOの連合体のこと。

②戦争はダメ、平和憲法を大切に

息子：今日、学校で習ったけど、そもそも国の政治は、憲法を大もととする立憲主義が大原則だよね。

父：安倍総理は、戦争法案・秘密保護法・共謀罪法案などを強引に進めて、憲法の平和主義・基本的人権・国民主権などをないがしろにしていると思うけど、君はどう思う？

息子：今の憲法はすぐれたものと思うな。戦争放棄が"軟弱"という人もいるけど、強ければ相手も強くでて戦争になってしまわないかな？ クラス内のケンカもそうして起きてるよ。正しくて強いのはいいんだけどな。まちがっていることを正すのは、じっくり話し合うことが一番だと思うけど。

父：昔よくみた西部劇でも、丸腰の人を撃つのは卑怯者とされたな。平和は、武器を置くことからはじまると思うよ。永世中立国のスイスをまねたいな。

息子：安倍総理たちは、日本国憲法を戦勝国のアメリカによる"押しつけ憲法"とするキャンペーンをくり返しているけど、本当なの？

父：これは明らかに的はずれだな。というのも、日本国憲法の基本理念は、維新前の1867年建白の「赤松小三郎・憲法構想案」や1881年起草の「五日市憲法草案」などに起源があるからだよ。このことは、最近の研究で明らかになったんだ。戦争ができる国へと急ぐ安倍総理は、憲法九条がじゃまなんだね。

息子：安倍総理も勉強しなきゃ。

父：ましてや「森友・加計」などで明らかになった行政の私物化を演じる安倍政権に、崇高な憲法を語る資格はないと思うよ。

息子：父さんの話しで、胸がすっきり！
父：父さんは、憲法九条を守りたい一心から、「中央区・九条の会」に入会し、護憲のための集会と市民パレードに数回参加したんだ。

③テロはなくせないの？

息子：テロはどうして起こるの？
父：世の中には利害の対立があるよね。その対立を話し合いで治める方法が、いわゆる民主主義、政治のレベルでは議会制度なんだよ。テロはこれがひどく機能しなくなったら起きるというわけだ。いけないことだけど。
息子：議会制度がうまく働かないのはどうして？
父：そもそも議会制度がなかったり、あっても民意を反映していないかだね。
息子：ほかには？
父：ひどく貧しい国は民度が低いので、直接行動のテロに走りやすいようだ。
息子：それじゃあ、テロをなくすには貧しさをなくし、教育をよくすることだね。

3）娘と母親の間で

①原発の再稼働に異議あり！

娘：原発の再稼働がどんどんはじまっているよ。すべてストップした時でも電力は足りてたとか言ってたよね。どしてかな？
母：今あるものを使いたいということかしら。一時は高かった石油も下がったというのに変ね。再稼働ありきの新安全基準よね。
娘：福島の事故でこりないのかしら？　まだ帰れない人も多いのにね。
母：万一事故が起きても、政府が面倒みてくれると、気にしてないのかも。
娘：テレビでみたけれど、廃炉にはずいぶんお金と時間がかかるみたいよ。
母：そのためにかしら、電気料金にはその費用が含まれているの。
娘：パパが言ってた。原発がやめられないのは、北朝鮮に対抗して日本の核武装や輸出にそなえてプルトニウムをたくわえているんじゃないかって。
母：広島と長崎への原爆投下があったので、繰り返すことは絶対にいけないことね。原発再稼働反対のパレードに参加しなくちゃ！
娘：ノーモア　ヒロシマ　ノーモア　ナガサキ　ノーモア　フクシマだね。

　12月13日（2017年）広島高裁は、伊方原発3号機の再稼働を2018年9月まで差し止める判決を高裁ではじめてくだした。理由は、

阿蘇大噴火の火砕流被害の可能性があるとしたものだ。

②女性問題はなにがあるの？

娘：女性の地位ランキングの低さに驚いたよ！
母：なんのランキングなの？
娘：世界経済フォーラムのジェンダー・ギャップ指数だよ。今年は、世界144か国中111位で去年は101位だったとか。私自身はまったく実感ないんだけど、そんなものかな。
母：調査項目の教育・健康はそうでもないけど、経済と政治が順位を下げてるみたいね。給料は同じ仕事でも男性の7割とか、国会議員は1割ということが効いてるみたいね。背景には、避妊率の低さや、最近話題になってる"性暴力"や"セクハラ"の認識と対策遅れのこともあるかもね。
娘：女性が社会進出するには、占いなど女性を閉じ込めるものをはねのけて、自由になることかしら。それには、たくさん勉強して賢くなることでしょうね。
父：（ここで父の飛び入り参加）それは男性にもいえることだな。要するに、日本社会の後進性、いわば、民主主義が未成熟であるということだ。成熟を目指して改善していこう。
娘：雇用形態は派遣が多いと聞くし、転勤を渋るので昇任しにくいとパパが言ってた。だって、男性は単身赴任できても、母親は育児がある場合も考えられるよね。家族持ちの父親の単身赴任は家族を守るため、原則禁止とすべきだわ。

母：私の経験でも結婚・妊娠・出産・育児の母親の仕事と、会社の仕事との板ばさみだったなあ。パパの仕事も大変で、過労死も心配したし、あなた一人でも大変だったわ。保育所確保で苦労したのよ。

娘：出産や育児という仕事を女性に任せきりだと思う。子育ては、国の仕事でもあるという認識が政府にあるのかしら？ だとしたら、国はもっと会社にも支援と指導を強めて欲しいな。私の結婚はまだ先の話しだけど。

母：娘のあなたには同じ苦労をして欲しくないな。

娘：こんな情報もインターネットにあったよ。本当にショッキングだわ。それは日本の"避妊率"の低さなの。ママも見て。

母：いやはや、なんともびっくり！ 日本の避妊普及率ランキング54.3％で世界78位。先進国の中ではもちろん最下位、中国は4位、韓国は9位。北朝鮮の42位よりも低いなんて！[※] 避妊率の低さによる被害が女性側になければいいんだけど。日本社会がこんなに遅れていようとは……。日本女性よ奮起せよ！

娘：1位はノルウェーの88.4％、最下位は158位の南スーダン3.5％。でも、CIAはどうやって調べたのかしら？

母：よく見ると、国ごとに調査年（日本の場合は2005年）がちがうので、CIAはその国のデータを集めたのでは？

※アメリカCIA（中央情報局）のワールドファクトブック2013による。

1．身近なテーマについての対話

2．差し迫ったテーマについての対策

　先に述べたテーマのほかに、気になるものがたくさんありますので、先輩たちから自然災害から社会災害まで、思いつくままに述べてみます。

1）自然災害について　（先生からのお話）

①東南海巨大地震の対策は？

　いつでしたか、たしか、東日本大震災（2011年3月）の後でしたか。製図授業の演習時間中に、先生はぼんやりしている女子生徒に問いかけました。
　「君、地震はなくせると思う？」彼女はハッとして「ダメです！地震は自然現象ですから 」と、先生はちょっとがっかりしました。先生はくやしくて、その後、一級下の男子学生に問いました。「君、地震はなくせると思う？ 」彼は間をおいて、「科学技術が進めばできるかも」と言いました。先生はにっこりとしました。先生はその後の想いを季語のない俳句に残しました。
　　大津波　地震なくせと　もんもんと
　それから、先生は地震をなくす研究にとりかかりました。以下に、そのレポートを書きます。
　2011年3月11日に東日本大震災が起きました。死者数15,894人、行方不明者2,562人、総数18,456人。直接被害額は約16.9兆円（間

接・原発被害は含まず）と報じられました。また、高い確率で予測されている東南海巨大地震・津波の被害は、死者 32 万人、直接被害額は約 220 兆円と推定されています（内閣府発表）。

　これらの大地震は、いずれもプレート境界型のものです。この被害対策には、大地震と大津波を前提とした地震予測・地震と津波対策・避難対策などに巨額の資金が投じられています。大地震と大津波を前提とするかぎり、この先ずっと巨額の資金投与が必要となるわけです。

　地殻掘削船"ちきゅう号"の工法では、技術的にもコスト的にも地震抑制は不可能なことと断定できます。

　そこで先生は、がんばって勉強・調査・実験を重ねた結果、一年後の 2012 年 3 月にプレート境界型地震の抑制技術に関して特許出願しました（特開 2013-194405）。それを、関係各方面に提案しましたが、くやしいことにだれもとりあってくれませんでした。

　ここで、特許内容をわかりやすく紹介します。

　大陸プレートの下側に海洋プレートがスムーズに沈み込めば、プレート境界型地震はおこりません。しかしながら、プレートの界面はなめらかではないので、ひずみのエネルギーがたまりすぎると、大陸プレートが瞬間的にはねあがることで、地震と津波が同時に起きるわけです。ですから、プレートの界面をなめらかにできればひずみのエネルギーはたまりません。なめらかにするには、どうすればいいのでしょうか？　そうです、二つのプレートのすきまに、先生の機械工学が得意とする"潤滑剤"の どろ（マッド）をプレートのすきまで送り込めばよいのです。本特許の目玉は、マッドを送り込む"しっぽ付きのもぐら工法"にあり、その歯先（ビット）を固定する装置に最大のアイディアがあります。

すなわち、マッドの流体圧で回転するビット軸受けの円周方向に4個、軸方向に3段（いずれも多くてもよい）の小車で固定します（図1、2参照）。そうすると、小車は深さ方向には小さな転がり摩擦で回りますが、周方向は大きな滑り摩擦のために動かないわけで

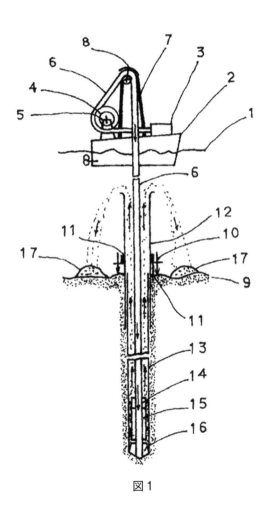

図1

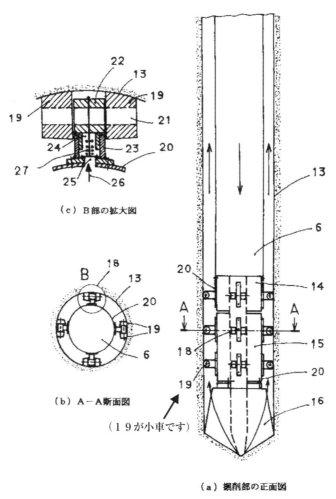

(c) B部の拡大図

(b) A-A断面図

(19が小車です)

(a) 掘削部の正面図

図2

2. 差し迫ったテーマについての対策　21

す。これは、機関車（大きな滑り摩擦）が数十台の貨車（小さな転がり摩擦）を引っ張って走る鉄道の原理から、先生がひらめいたものでした。この様子は、なんと歯医者さんらが小指で患者の口を押えて歯垢をとるエアー・スケラーなどと同じ原理です。

　しかしながら、先生はアイディアを提案したものの、その実現にはたくさんの研究が待たれ、今後は大学や国立研究所に地震抑制研究部門の創設が急がれます。これが結論です。

②原子力発電がダメなわけは？

　原発は火力発電に比べてCO_2の排出量がとても低いので、温暖化対策に適するとしたキャンペーンがはられたこともありました。たしかに日本では、大気への直接な温暖化はないのですが、性質上基幹電力をまかなうことから、大出力発電所の大量の温排水が放出されることで、海水の温度上昇（特に、日本海）をもたらしています。結果として、巨大台風や異常気象（酷暑や大雪）、生態系の破壊などの主因となっているのです。すなわち、日本では火力は大気温を、原発は海水温を上げているのです。

　しかしながら、大陸国では巨大なクーリングタワーから大気中に大量の熱が放出されるので直接的な温暖化をもたらしています。

　最近、オール電化のキャンペーンをはじめた電力会社がありますが、これは消費電力の増大を再稼働の原発でまかなおうとするものでしょうか？先生は、原発の再稼働反対の集会とパレードに数回参加しました。

③各国の地球温暖化対策は？

　地球温暖化対策の国際的な流れは、1997年の京都議定書、COP3から2015年のパリ協定、COP21へと進展しました。トランプ大統領は離脱を通告しましたが、ドイツのボン市でCOP23（国連気候変動枠組み条約締約国会議）が開かれ、パリ協定の具体化と途上国の要求の議論が進みました。
　一方で、温暖化を認めたくない日米政府は、世界の流れに背を向けた石炭火力に固執する主張もあって、困ったものです。最近、増加するCO_2が海水の酸性度を上げて、貝類の生長を妨げているというレポートもある。

④日本は環境後進国？

　石炭火力は原発と比べると、排熱利用のコジェネレーション（総合エネルギー効率を高める、新しいエネルギー供給システムのひとつ）の利点はあるものの、CO_2の排出量は水素がない分、石油類の約1.4倍、LNGの約1.85倍と高いほか、灰・ジンアイ・SO_2ガスなど劣悪な燃料です。日米の企業は、目先の利益追求から環境規制のゆるい途上国に輸出しているのです。これでは日本は、地球環境への後進国といわれても仕方ありません。

⑤新かんがい法を提案

　いつでしたか、先生は、北京へのパックツアーの帰り、搭乗口にいた若者たちに目が留まりました。それは、緑の腕章が印象的で、日焼けした健康そうなグループだったからでした。
　先生は問いかけました「君たち、中国でなにしてきたの？」目がきらきらした女性が「私たち、内モンゴルで木を植えてきたんです」
　先生はうれしくなって、「私も卒論で砂漠の緑化の研究を指導してます」、「そうなんですか」と、話はずむ。
　期せずしての出会いに、うれしく思ったものでした。でも、当地の植林は、最近のインターネット情報を見るとあまりうまくいっていないみたいです。砂漠化は北京近くまできてるらしいのです。
　日本の黄砂が多いのもそのせいかな。国連大学の評価によれば、世界の農地の5分の1が塩害のために劣化しているとあります。拡大する砂漠を緑化し、砂漠化を食い止めることは、失われた農地の回復と地球温暖化対策のキーポイントの一つです。
　砂漠化した土地を元の緑地に戻すには、塩害のない植林や植草を進めるしかありません。地表面への安易なかんがいは、恐ろしい塩害を伴うのです。塩害とは、かんがい水が地中の塩類を溶かし、水は蒸発するので地表には塩がとり残されて作物が育たなくなる。すなわち、農地の劣化や放棄となってしまうのです。
　そこで、鳥取大砂丘研の見学・遠山先生の講演聴講・卒究指導からの先生の研究結果をレポートします。そのすばらしいアイディアは、2012年に特許出願をしました（特開2014-50383）。
　その内容は、給水された糸たばを管内にたらした細い管を地中（砂地）に沈め、近くの苗木の根っこの下に給水し、苗木が根を深く延

(54)【発明の名称】沈降管内浸み出し灌漑システム

(57)【要約】
【課題】
灌漑農地の塩害化を極力防止するとともに、植物根の生育を促進するために灌漑地下深度を可変とするローコストの沈降管内浸み出し灌漑システムを提供することである。
【課題を解決するための手段】
給水タンク2からの少量の灌漑水は、フレキシブル導水管5から分岐した分岐注水管8外側の地中沈降導水管9内の導水糸束10の毛管現象にて適量導水される。導水は地中沈降導水管9下端部に装着された円錐多孔管11より地下層に浸み出し植物根に吸収される。植物根の生育を促進するために、地中沈降導水管9は植物の生育に応じて地中に適宜人力若しくは重力により沈降される。

【選択図】 図1

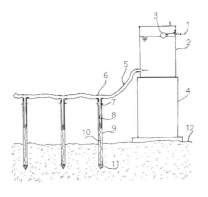

ばすように、管を人力または重力（おもりをつけて）により常に根っこの先に沈めていくものです。

こうすることで、苗木が砂あらしで倒れることを減らすことが期待できます。というのも、砂地表面への給水では苗木は根を張る前に砂あらしで倒れてしまうからです。同時に、新かんがい法は、かんがい水がすごく少なくすみ、塩害もなくせる本来のメリットがあります。また、新かんがい法は、うれしいことに、砂漠ではない畑地や果樹園、街路樹などの給水にも利用できそうです。

先生は2012年8月に、消えかかったアラル海のあるウズベキスタンを訪問後、考案した新かんがい法を英文にして提案してきましたが、受け取りの返報がないのでその後のことは存じません。

⑥水中触媒燃焼法の提案（特開2005-69498）

お湯は、料理や風呂だけでなく温水プールや温泉でありがたいもの。大量のお湯を作るのにどうしてるか、知ってます？　昔はまき・石炭、今は石油類・LPG・LNGなどを燃やして、一部は電気を使って、ボイラー（湯沸かし器）で作っているの。何が問題かって？　それは、電気を除けば燃料の燃える温度が高すぎることなんです。1500℃と高いと困ることは三つ。一つ目は、そのままではすぐに大気の温暖化をもたらすこと。二つ目は、空気中の窒素Nが酸化されて窒素酸化物Noxができて、これが増えすぎると大気がヒドク汚れて、ヒトの健康をおかすこと。三つ目は、大型のボイラーには、加熱後の高温の燃焼ガスが持っているエネルギーを取り戻す大型の

JP 2005-69498 A 2005.3.17

(19) 日本国特許庁(JP)　　(12) 公 開 特 許 公 報(A)　　(11) 特許出願公開番号
　　　　　　　　　　　　　　　　　　　　　　　　　　　　　特開2005-69498
　　　　　　　　　　　　　　　　　　　　　　　　　　　　　　　　(P2005-69498A)
　　　　　　　　　　　　　　　　　　　　　　　(43) 公開日　平成17年3月17日(2005.3.17)

(51) Int.Cl.[7]		F I			テーマコード (参考)
F24H	1/20	F24H	1/20	A	3K065
F23C	11/00	F23C	11/00	312	3L025

審査請求　未請求　請求項の数 3　ＯＬ　(全 4 頁)

(21) 出願番号	特願2003-208579(P2003-208579)	(71) 出願人	598060567
(22) 出願日	平成15年8月25日(2003.8.25)		小田　鵄介
			福岡県福岡市中央区今川1丁目16番3号
		(72) 発明者	小田　鵄介
			福岡県福岡市中央区今川1丁目16番3号
		Fターム (参考)	3K065 TA01 TC02 TD05 TE04 TK02
			TM03
			3L025 AB01

(54)【発明の名称】触媒利用の温熱水製造装置

(57)【要約】
【課題】温熱水を零Ｎｏｘ燃焼及び高効率伝熱の条件のもとに加熱製造するために、触媒利用のコンパクトな温熱水製造装置を提供すること。
【解決手段】まず、温熱水の製造において、触媒利用による中温度燃焼の採用によってＮｏｘ発生の完全な防止（零Ｎｏｘ燃焼）ができた。つぎに、触媒利用のガス燃焼器1からの中温度燃焼生成ガスを、多孔体3を通して中水槽5内に流入分散させることで低温水への直接接触伝熱が可能となり、伝熱効率が高まり、排ガス温度を効果的に下げることができた。従って、特別な廃熱回収を必要としないコンパクトな温熱水製造装置を提供することができた。さらには、中温度燃焼生成ガスを、多孔体を通して小水槽に分散させると、燃焼生成ガス及び発生水蒸気の大きな浮力効果によって、その自然循環力は、等熱負荷の従来の自然循環ボイラのそれの数倍となる触媒利用の温熱水製造装置。
【選択図】　　図１

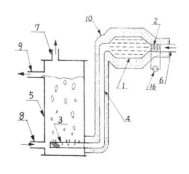

装置がいるワケ。なんとも、やっかいなことですね。

　それで、先生の提案は、燃やすのに"触媒"を使えばズーっと低いNoxが出ない温度で燃やせるというわけ。触媒は、燃料と酸素をくっつける"愛のキューピット"というもの、汚れにつよくて、やすいものができれば最高だ。しかも、触媒燃焼器を水中に置こうというのがすごいところ。こうすると、排熱が水中にゆき渡って加熱に利用できるし、お風呂ではCO_2のアワはからだのマッサージによいとも。でも、実用化には研究課題がいろいろあって、まだ先のことなの。急ぎたいものです。

⑦再生可能エネルギーは政治課題

　温暖化対策に火力発電も原発も矛盾しているので、再生可能エネルギーにたよるしかありません。うれしいことに、この惑星には無尽蔵のエネルギーがあるのです！　それは太陽光・風力・地熱・植物（バイオマス）、そして海洋利用もあります。これらに目を向けることで、その実用化には研究と補助政策が必要で、まさに政治課題でもあるわけです。事実、太陽光発電量は2012年から2016年で、約6倍にもなりました。しかし、それでも全発電量の7.7%に過ぎません。

　石油などの化石燃料は、燃料として燃やすのはあまりにもったいないのです。熱が必要で燃やせばやっかいなCO_2が出ます。そうではなく、これらは化学工業製品（たとえば、プラスチック・繊維・肥料）の原料として後あとの世代に残しておくべきものなのです。

⑧私たちの節電で 10％も節電

　エネルギー消費量が大きいほど文化的であるといったことは、もう過去の神話にしましょう。大量生産・大量消費・大量ゴミの時代は終わったのです。原発事故で、人びとは節電に努め、2016 年の 7 月時には 2011 年に比べて、約 70 億 kwh（約 10％）も減らしました。原発が全部ストップしても困りませんでした。なんとすばらしいことでしょう！
　省エネ生活の工夫はいろいろとあります。自然通風やクールビズ、ヒートテックや LED 灯とか自転車利用などなどです。

2）社会災害について　（父と母からのお話）

　ちかごろ、世界各地で資本主義のいきづまりによるものでしょうか？　格差の拡大や社会保障の縮小、テロリズム事件、温暖化による異常気象などがしばしば報じられています。これらの解消と防止には、民主的な社会的修正が求められていると思います。

①ますます広がる所得の格差　（父からのお話）

　10 年前は、年所得の格差がこうも大きくなるとはだれもが予測できなかったでしょう。2017 年 7 月 16 日に、オックスファム（国際援助団体）は 8 人の大富豪（1 位はビル・ゲイツの 860 億ドル＝約 9.7 兆円）の財産は、世界の下位 36 億人のそれと、ほぼ同じと

いうショッキングなレポートを発表しました。貧しい国や人はなかなか豊かになれず、豊かな人はますます富をたくわえる、この傾向は年々強まっているようです。
　事実、日本の大企業の利益や役員の報酬、株主の配当金はずいぶんと増えていますが、働く人の給料は1997年の467万円をピークに2016年は422万円となり55万円も下がっています。これは、おもに低賃金労働者（非正規社員）の急速な増加によるもので、全体の4割にも達するといわれています。
　これを正すには、先生が著書で提案した国際経済の二重構造をとることでしょうか。先進国は、国内では高賃金・高物価システムをとって、無理に賃金下げてまで輸出することはないのです。国内の低賃金では物が売れなくなって、外国に低価格で売るためにさらに低賃金になるという悪循環におちいるか、生産工場を外国に移すほかないのです。

②選挙制度の改革　（父からのお話）

　今の選挙制度はおかしいと思わないか？　だって、人口が少ない地域の人と、都会の人との一票の格差がおおよそ2倍だよ。一人一票の値打ちは人権として、住んでる地域とは関係ないでしょう？都会には都会ならでは問題があるよね。例えば、保育所が足りないとか、電車の混みようとか、鉄道の踏切り対策や空き住宅や防犯などがあるよね。地方では過疎、都会は過密でどちらも困っています。
　もう一つは、小選挙区制だね。もともとは、二大政党を作って政

権交代ができ、自民党の派閥解消のためとかだったとかいわれているけど。それが、野党は少数分立化して、派閥も消えず、ひどいことになったな。

　2017年10月22日の衆議院選挙では、自民党は比例33%、小選挙区48%の得票率で74%の議席を得たんだ。一票の格差のままの小選挙区制では、投票率はどんどん低くなって54%なので、自民党の得票率は全有権者でみると、それぞれ18%と25%くらいになるよ。この傾向はここ10年あまり変わらないね。

　それでも安倍総理は国民の支持を得たとして、強引に戦争する国づくりをしていね。しかも、あぶなっかしいトランプ大統領を持ち上げているので、本当に怖いんだよ。本当は、全国比例代表制がベストと思うんだ。

③税制の改革　（父からのお話）

　国の財政は、国民からの税金でまかなわれているよね。ですから、税金の制度はとても大事なことなんだ。ところが、今、おかしなことが多すぎるな。身近なことから見ていくとしようか。

　統計によれば、勤労者の税負担率と富裕層の税負担率はほぼ20%、あまり変らない。富裕層の税負担率が高くならないのは、超過累進税率方式と株利益の低税率（20%）によるもの。そもそも、富裕層の税負担率はもっと高くてもいいはずだ。

　つぎに、巨大企業の税負担率は低すぎると思うよ。法定では、30%と結構高いものが、あれやこれやの免除で最低10%程度まで

下がっている企業も多いと聞くよ。中小企業には、あれやこれやの免除はないので納税に四苦八苦してるよ。

　国際的には、多国籍企業や超富裕層の税逃れは大問題だ。パナマ文書（2017年5月10日）やパラダイス文書（2017年11月5日）で、税逃れの実態の一部が露見して、マスメディアに取り上げられたのを見た？　その手口は、利益金をタックスヘイブンの子会社に移して、利益を得た国での課税を逃れようとしたものなんだ。一例として、2015年A社は、日本で2000億円もの税逃れをしたとされているよ。多国籍企業全体では5兆円にもなるというだ。税逃れの対策はいろいろとられているものの、その実効はまだ先のことのようだね。みんなが関心を持ち続けることが大事だ。それは、税収が回復しないと、社会保障とかが立ち行かなくなってしまうからなんだ。

※累進税率方式とは課税標準が高くなるにつれて、税率が上がること。超過が頭につくと、課税標準を超えた分にしか、その高い税率はかからない仕組みで、高額所得者の税金を低める効果がある。
※タックスヘイブンとは税金回避地のことで、海外からの進出してきた当地の子会社に対しては、無税、もしくは低税率の優遇措置を与える。タックスヘイブンは、世界にパナマなど55か所もあるという。

④ IT・AI社会の行く末　（先生からのお話）

　ここ数年のAI技術の進展にはめざましいものがあるな。最近では、頭脳ゲームの将棋や囲碁のトッププロ棋士でも最強のAIソフ

トに勝てないばかりか、それで研究しているとか。はたまた、動的には人型ロボットのバク宙の動画配信（ボストン・ダイナミクス社）に驚きをこえて、その行く末を思うと怖さえ覚えるのです。というのも、優れもののロボットは便利なものから飛びこえて、人をこき使う支配者になるのでは？　なぜなら、最先端のAIソフトやロボットは、人間の最高の英知の産物なのだから。

　人間の優位を保つために、ロボットの使い方を考えてみましょう。
a. ロボットの利用は当然で、機械を排除するといった昔のラダイト運動[※]はありえません。では、その利用は人間には危険でつらい分野に限定すべきでしょうか？

b. 人間の仕事を、IT・AI 技術を利用してその展開を図ることに見出すべきでしょうか？

c. AI 集積のソフト・ロボット・アンドロイドなどは、人間の分身としての便利なツールと見なせないだろうか？　さらに、分身のパワーを共有、もしくは財産にできれば君は一つの"神わざ"に近づけるのかも？！

d. それには、君は AI 技術をコントロールするメカニズムやアルゴリズム（論理的な手順）を学校などで情報リテラシーの一部として、早くから学び、その改良をゲーム的に楽しもう。そうすれば、君はこの先も人間としての優位をこの先保てるな。

※ラダイト運動とは、産業革命期の 1811 年、イギリスで起こった失業に直面した職人による機械打ちこわし運動。

2．差し迫ったテーマについての対策

⑤今後のものづくりのポイント　（先生からのお話）

　今後の日本のものづくりの重点は、生産ライン以前のアイディア・研究・設計・デザインといった仕事にシフトして、これらから生れる商品をブランド化していくべきでしょう。それに成功すれば、働く時間が短くすみ、給料は上がりますよ。そのためには、君たちはいつも頭をやわらかくしておかねばなりません。そうすれば、タイムリーにグッドアイディアがひらめくのです。先日の TV で、ドイツのスポーツ用品メーカー puma の合理的で効率的な働き方とブランド力のすごさをみて、すばらしいと思ったね。まねをしたいもんだ。要するに、君たちは仕事に誇りをもてるディーセントワーク（働きがいのある人間らしい仕事）でありたいな。

⑥最近の NHK の傾向　（父からのお話）

　2017 年 11 月 17 日に国連の人権理事会は、放送の監督権限をもつ日本国政府に対して、日本の報道の自由（2016 の世界ランキングは 72 位）に懸念を表明し、放送法第 4 条の改正や放送管理する独立行政機関の設置を勧告したんだ。日本政府はただちに無碍に反論したんだが、世界中で政府が放送を管理している国は、ロシア・中国・北朝鮮・ベトナム・ラオス、そして日本だそうで、本当に恥かしい！
　憲法に明記されているように、国の主権者は国民一人ひとりにあるので、国民は国のありようやその進路決定のためには、正しい情

報をいち早く知らねばならない。そうすることで、正しい世論が形成されて、国の方針が決定されることが望ましいのだ。

　先の大戦で国民は、軍部にとって都合のよい報道にふりまわされたにがい経験をしたんだ。正しい報道は日本では、公共放送のＮＨＫも担っているはずだが、どうまちったのか最近のＮＨＫ政治部は安倍政権を守ることに一生懸命だと感じるよ。受信料は、安倍総理も含めてだが、私たち国民が払っているのだから、安倍総理の立ち位置ではなく、国民の立ち位置で公正に報道してほしいと思うよ。

　2017年9月13日、ＮＨＫ福岡放送局への「申し入れ書」を記載します。

2017.9.13

ＨＫ会長・上田良一　様
ＮＨＫ経営委員長　石原進　様
ＮＨＫ福岡放送局長　城本勝　様
ＮＨＫを考える福岡の会

　72年前の貴重な体験を映し出す以下の特集番組は、いずれも、ひとの命の尊さと平和の大切さを基調にして制作されたもので、制作スタッフに対して敬意を表します。特に、8月20日の「戦後ゼロ年　東京ブラックホール」は戦後史の原点を見る思いでした。戦争経験世代の甦り感動が子や孫世代に伝わるといいですね！

　総じて、本特集番組は、ＮＨＫが公共放送の使命の一端を果たしたことを示し、これを評価するものです。

目下、安倍政権下で戦争ができる国づくりが進み、戦争が起こりかねない今こそ、"日本が世界平和をリードすべき"という世論形成にＮＨＫの出番があります。貴局は、恵まれた取材力と制作力を活用して、本使命を果たされることを、切に乞い願うばかりです。

戦後７２年特集番組
1. 8/5 「告白～満蒙開拓団の女たち～」ＥＴＶ特集
 「ふたりのキャンパス」ＮＨＫ広島
2. 8/6 「原爆死・72年目の真実」ＮＨＫスペシャル
3. 8/9 「あんとき」ＮＨＫ長崎
4. 8/12 「本土空襲　全記録」ＮＨＫスペシャル
 「1942年のプレイボール」ＮＨＫ名古屋
 「原爆と沈黙～長崎浦上の受難」ＥＴＶ特集
5. 8/13 「731部隊の真実～エリート医学者と人体実験～」ＮＨＫスペシャル
6. 8/14 「樺太地上戦　終戦後7日間の悲劇」ＮＨＫスペシャル
7. 8/15 「戦慄の記録　インパール」ＮＨＫスペシャル
8. 8/20 「戦後ゼロ年　東京ブラックホール」ＮＨＫスペシャル
 これは重要なので詳しいことは、付録1に示しました。

⑦二つのグローバリゼーション

a.好ましいグローバリゼーションとは？　（母からのお話）

以前の海外との交流は、高い海外旅行・ペンパル（文通友だち）・ハム（アマチュア無線）通信などでした。最近は、安い海外旅行・修学旅行・ホームステイ・インターネット・Eメール・SNSなどで、すごくかんたんに国際交流できるのは、世界平和のためにも好都合ですね。この流れが発展していって、健全な「世界連邦国家」の誕生につながると、戦争もなくなると思うわ。

b.好ましくないグローバリゼーションとは？　（母からのお話）
　巨大企業はグローバリゼーションの名のもとに、母国の低賃金や減・免税などの支援などもあり、海外展開を広げて多国籍企業化していますね。これらの多国籍企業群はたくさん儲けているからでしょうか、それらのCEO（最高経営責任者）の個人所得は想像をこえる巨額なものとなっておりますよ。オックスファムの2017年報告は、超富豪8人の富が世界人口の下半分の36億人の富と同じであるとしています。これらの富は、タックスヘイブン（租税回避地）を悪用しての「多国籍企業世界国家」誕生という絶望的な危機になりかねませんね。遅ればせながら、やっと国際と国内で早急な対策がとられようとしています。

⑧農村は元気になって！　（母からのお話）

　先の戦争中、おばあちゃんたちは、都会の爆撃被害をさけるために農山村に疎開したそうです。最近は、農山村の限界化に加えて、温暖化によるものなのかゲリラ豪雨による山崩れや山津波に追われ

て大都市への移住、すなわち逆疎開現象が起きています。これは、国土の利用バランスを欠くもので、農山村がなくなり、一方では巨大都市に超過密をもたらしますよ。これには、温暖化対策と農山村活性化の実施が急がれます。

⑨沖縄を独立国にしたいの？　（母からのお話）

　沖縄は地図でみると日本本土とアジア大陸とのど真ん中にあって、いわゆる日中の国境の島で、歴史的にはメリット、デメリットがあるの。
　メリットは平和時の立地を生かした交流貿易収益、デメリットは先の大戦では戦場となって、大きな犠牲を強いられたことなの。
　今の沖縄は、米日の安全保障上からの犠牲を強いられたもので、札束（予算措置）ですませようとしてけど、沖縄の人のたましいをきずつけてはいけませんね。
　まずは、国辱的な地位協定を見直すことでしょうか。日本の本当の安全保障は、好戦的なアメリカに求めるのではなく、ASEAN（東南アジア諸国連合）のような、北朝鮮も含めた東北アジア諸国の安全保障をはかるべきでしょう。そうなれば、北朝鮮の狂気もおさまり、一部で主張されている沖縄の独立なんて消えてしまい、沖縄は東北アジア諸国連合の「キー・アイランド」となって、かがやくことでしょうね。

⑩ GM食品ってなに？　（先生からのお話）

　GMOとは、Genetically Modified Organismの略語で、遺伝子組みかえ生物のことなんだ。農作物だけでなく、これらを使った加工食品についても健康への心配があります。
　そもそも、GM作物は消費者のためではなく、アメリカのモンサント社などの企業収益のために開発されたものなのだ。遺伝子組みかえ自体にリスクを伴うほか、共用される除草剤、ラウンドアップの毒性がGM作物に蓄積される危険性があって、その被害症例がアメリカなどで多く報告されているようだ。
　日本ではナタネ・ダイズ・トウモロコシ・ワタが流通し、GM作物の含有率の表示は5％以上（EUは流通していない）とゆるい　。アメリカはその表示をやめろと圧力をかけているんだ。ナタネは天ぷら、ダイズは納豆、トウモロコシはポップコーンとよく口にするから、少しはは気にしてほしい。
　グリーンコープ（生協）は早くからGM食品に反対しており、その地域委員であった先生も箱崎埠頭でのGMOナタネ引抜き作業に、真夏の暑い中、参加したんだ。

⑪「種子法」の廃止は大いに困る　（父からのお話）

　種子は種のことだよね。農作物（稲・麦・大豆）の栽培は種をまくことからはじまるから、優れた種の研究は地味なことだけど、これまで国がやってきたことなんだ。

この４月から種子を開発し管理する種子法が廃止されようとしているんだ。それはモンサント社などの多国籍企業が遺伝子組みかえの種を自由におさえ、自社の農薬や除草剤をセットで売ろうと日本にも圧力をかけてきてるんだ。
　農業と食の安全と安心が今、大もとから壊されようとしている。これに、穀物メジャーの投資戦略がはいると、とても心配なのだ。

⑫イスラム教はコワイものなの？　（母からのお話）

　イスラム教徒（ムスリム）は厳しい戒律を日々守りつつ、仲間を助け合うやさしい人たちだよ。それが近代化の中で、産油国と非産油国の貧富の差がひどく広がって（付表１参照）、一部の過激な人たちが宗派対立直接行動、すなわちテロに走っているわけだよね。
　では、非産油国の貧困はどうすればなくせるのかな？　まず、イスラム教のすばらしい教義である相互扶助の適用により、産油国の富の一部を資本投資として非産油国を助けることが考えられるね。そうすると、非産油国に企業が起こって雇用と需要がうまれる。
　つぎに、先進国は教育支援とインフラの整備をします。もちろん、非産油国は避妊率を上げて、産児制限下で教育水準のレベルアップを急ぐことも必要だね。
　産油国と非産油国の所得格差が縮まっていけば、貧困によるテロはなくなっていくんじゃないかな。そうすると、もとのやさしくおだやかなイスラムワールドがうまれてくると思うよ。

付表1　　イスラム世界の所得格差と人口増加率　　（'17.11作成）

イスラム過激派の一連のテロ行為には恐れおののくばかり、この一背景として、イスラム世界の所得格差及び人口増加率があるとして、［世界国勢図絵2016/17］を参照した。国民総所得は年1人当たりで単位は千ドル、円換算は1ドル111円とした。

	国名		国民総所得('15)			人口増加率%
湾岸諸国	クウェート	平均、千$	32.8	平均、万円	14/15に比べて	1.5
（6か国）	サウジアラビア		21.2		%	1.2
	カタール		72.1			1.0
	バーレーン		21.3			1.4
	オマーン		15.0			1.7
	アラブ首長国連邦	33.8	40.5	375	-28	0.9
同・周辺国	イラン		5.1			1.5
	イラク		4.5			2.9
	イエメン		1.1			2.5
	シリア		1.5			1.7
	ヨルダン		4.9			2.3
	レバノン		8.3			1.1
	トルコ	4.9	9.1	55	-18	1.2
アフリカ	エジプト		3.4			2.4
	チュニジア		3.5			1.1
	モロッコ		2.9			1.5
	アルジェリア	3.5	4.1	39	-15	1.9
アジア	アフガニスタン		0.6			2.5
	パキスタン		1.5			2.2
	スリランカ		3.6			1.0
	バングラデシュ		1.3			1.4
	インドネシア		3.2			2.0
	マレーシア	3.3	9.5	36	-6	1.2
旧・ソ連邦	アゼルバイジャン		5.3			1.2
	ジョージア		3.4			0.3
	ウズベキスタン		2.4			1.9
	カザフスタン	5.2	9.7	58	-13	1.5
参考国	日本		35.9	398	-31	-0.2
	ドイツ		42.6	473	-7	-0.2
	アメリカ		57.5	638	2	0.4
	スイス		82.7	919	1	0.2
	北朝鮮		0.65	7.2	-12	0.5

以上、国民総所得は先進国を除けば、湾岸諸国は同・周辺国の約7倍にもなる。また、貧しい国ほど人口増加率が高いことが分かる。

3．革命の歴史から学ぼう

　これまで、世の中にはさまざまなテーマがあることがわかりました。過去には、これらを劇的に変えた社会現象がありました。その話しを世界史の先生に聞きましょう。
　従来の被支配階級が自由・平等・独立などを求めて、支配階級と激しく戦って、社会組織を急激に変革させることを革命といいます。
　世界史的には、その原因や経過、結末にはいろいろな展開があります（詳しくは、付録3、4、5を参照）。革命前後の体制の変化を10か国の例をみて解明することで、革命という現象の法則性を探りましょう。また、革命達成後の古い社会主義国の正体をみきわめて、今後の参考にしてください。

1）世界10大革命と体制の変化

（1）イギリス革命

　第一次革命の清教徒（ピューリタン）革命（1640年～1660年）と第二次革命の名誉革命（1688年～1689年）をあわせてイギリス革命と呼んでいます。

①イギリス革命前の段階
　王権をせばめる1215年以来のマグナカルタの精神は、後の1628

年の権利請願や人身保護律を生むみなもとなったのです。

　はじめは、王権対貴族連合であったものが、次第に王権対議会となり、議会は聖職者や大商人、富農層（ジェントリー）などで構成されるようになりました。かたや、14世紀後半のペスト（黒死病）は、カトリックの権威を失墜させました。また、1376年にウイクリフによる旧約聖書の英語翻訳や、15世紀初頭のロラード派オールドカッスルの宗教反乱、さらに1517年のM.ルターの「九十五カ条の提題」は一大宗教改革の先がけとなりました。

　これらの宗教改革の機運が高まって、ローマ教会からの離脱を求める新教徒の台頭を生み、1534年ヘンリー8世は自らの離婚問題にかこつけてイギリス国教会を樹立しました。

　さらに、15世紀後半にはじまる大航海時代の負の遺産として、新大陸から梅毒がヨーロッパで蔓延し、M.ルターも一夫一婦制を厳守し、買春禁止を説きました。イギリスでは、さらにそれを強く求めるカルバン派の新教徒を清教徒（ピューリタン）と呼びました。彼らが王制に代わり議会制を求める一大市民運動は、ついには王党対議会党の対立関係として両者の戦闘状態を生むことになったのです。

②清教徒（ピューリタン）革命

　第一次革命の清教徒（ピューリタン）革命（1640年～1660年）は、ピューリタンの独立派と長老派による、王制を議会制に変える世界初の市民革命です。1642年以来数度にわたって、O.クロムウェルは鉄騎隊を率いてチャールズ一世軍を破りました。49年チャールズ一世の処刑で共和国体制になりました。53年クロムウェルは議会を解散し、「統治章典」により護国卿になり独裁政権が誕生しま

したが、58年の死去で60年に王政にもどりました。この流れは、後のフランス革命にすごく似てます。

③名誉革命

　第二次革命の名誉革命（1688年～89年）は、カトリック教徒重用の専制政治にもどすジェームス二世を議会派が無血追放する（名誉な）ことで、「権利章典」にて議会の優位性・臣民の自由と権利の保障・プロテスタントの権利の正当性を確立しました。
　革命後、イギリスが一大強国になるとともに、王権神授説を否定するホッブスやロックの社会・政治論の「王権契約説」は、イギリス革命の正当性に確信を与え、後のフランス革命を支えた啓蒙思想を生むことになりました。

（2）アメリカ独立革命

　アメリカ独立革命とは、宗主国イギリスの圧政に抗戦して、独立を達成した1775年から83年までの市民革命のことです。

①独立革命前の段階
　1620年、メイフラワー号でのピルグリム・ファーザーズの入植以来、自由・自立・人権尊重の気風の上に、ヨーロッパの啓蒙思想の影響も高まっていました。
　時もおり、ヨーロッパでの七年戦争の新大陸版であるフレンチ・アンド・インディアン戦争において、イギリスとアメリカ植民地の

連合軍は、フランスと先住民インディアンの連合軍と戦って、1663年に勝利し、フランスは新大陸すべての植民地を失いました。フランスの脅威がなくなったので、植民地アメリカの独立の機運が高まったのです。

②独立革命の歴史
　終戦後の宗主国イギリスは、戦争による財政危機を植民地アメリカに対する課税強化政策で乗り切ろうとしました。1664年の砂糖法・65年の印紙法・73年の茶税法などがそうです。
　これらに対して植民地側は"代表なくして課税なし"と抵抗し、70年のボストン虐殺事件や73年のボストン茶会事件後、植民地13地域は、74年に大陸会議を結成して対抗しました。以下、ドキュメンタリー的に追うと、
・75年4月、レキシントン・コンコードで独立戦争が勃発し、10月には第2回大陸会議が開催される。
・76年7月、T.ジェファーソンらの起草による革命権まで及ぶ独立宣言で、アメリカ合衆国が誕生する。
・77年1月のプリンストンの戦いと9・10月のサラトガの戦いで、イギリス軍部隊が降伏する。
・78年、フランスはB.フランクリンの労によりとアメリカ合衆国と同盟して参戦する。
・79年、スペインがフランスと同盟関係から参戦し、メキシコ湾岸・カリブ海域・英領ジブラルタルでイギリスと開戦する。
・80年、合衆国軍は時おりの敗戦もあったが、10月のキングスマウンテンの戦いで合衆国軍は、国内の王政派軍にも勝利する。戦いはインドやオランダまで及ぶ。

・81年9月、チェサピーク湾の海戦でフランス艦隊がイギリス艦隊を破る。
・10月には、合衆国軍がヨークタウンの戦いで大勝利し、イギリス軍大部隊が降伏する。
・83年9月3日、パリ条約が締結されて、イギリス軍はアメリカから撤退する。

　合衆国軍は、当初は民兵隊であったものが、志願兵の増加やフランスの軍事支援もあって強化されていきました。敗戦や苦戦したこともありましたが、大西洋をはさむイギリスの兵力不足と国際孤立化（ロシアのエカテリーナ二世主導の武装中立同盟）もあって、最終的には勝利を治めました。

③世界への影響
　1776年の「独立宣言」後、83年にアメリカは独立を達成しました。フランスはそれを祝して、100年後の1886年に自由の女神像を贈りました。
　独立宣言の理念は、その後のフランス革命当初の「人権宣言」（1789年8月）から、ラテンアメリカ、ヨーロッパ各地へと広がり、1947年の日本国憲法にも継承されています。すなわち、世界の政治史の古典的文書となったわけです。
　しかしながら、先住民のインディアンにとっては、独立革命前まではイギリスの統治下にあって保護されていたものがなくなり、合衆国の独立によって、一連の圧政のはじまりとなったことはあまり知られてはいません。

（3）フランス革命

　農業の生産性に成功した重農主義政策のもと、商工業の発展によってヨーロッパ一の人口大国となったフランスにおいて、市民階級の台頭はめざましいものでした。

　絶対王制を批判する啓蒙思想（ヴォルテール、モンテスキュー、ディドロー、ルソーなど）の普及のもと、アメリカの独立宣言（1776年）の確信もあって、機能不全のアンシャンレジーム（旧制度：全国三部会）からの脱却を求める1789年から1799年までの一連の市民革命をフランス革命といいます。

　ジロンド派主導のブルジョア革命からはじまり、その後のロベスピエール（ジャコバン左派）は、サンキュロット（民衆）や地方小農民の民衆蜂起に呼応して人民革命を主導しますが、ポピュリズム化することで失速して破綻します。国内の反乱及び隣国からの干渉戦争の収束に登場したのはジャコバン左派の下級将校のナポレオン・ボナパルトでした。

①革命前の段階
　賢王ルイ16世は、七年戦争敗北とアメリカ独立戦争支援による財政危機の打開のために1787年12月に名士会（国王が任命する諮問機関）を招集し、第一身分（聖職者）と第二身分（貴族）への課税案を提示しました。

　これに反対する法官層や貴族の抵抗によって、1789年5月5日の選挙で聖職者・貴族・第三身分（平民）からなる全国三部会が170年ぶりに再招集されたのです。
当時、聖職者や貴族には免税特権がある一方で、第三身分の8割を

占める農民は、年貢や賦役（労働で支払われた地代）、重税にあえぎ苦しんでいました。また、重税と低賃金による都市民衆のサンキュロット※の困窮も見逃せません。以下、ドキュメンタリー的に追いましょう。

※サンキュロットとは、主に手工業者、職人、小店主、賃金労働者などの無産市民（固定資産の無い人）

②ブルジョア革命の段階

1789年6月17日、第三身分は国民議会を結成し、憲法の制定を「テニスコートの誓い」にて宣言後、国民議会は憲法制定国民議会に改称されました。

89年7月14日、パリの民衆は圧政の象徴のバスティーユ牢獄を国民衛兵隊とともに襲撃しました。

89年8月4日、議会は農村の大恐慌パニックを収拾するため封建制度廃止宣言を採択しました。8月26日、議会は歴史的な人権宣言（人間および市民の権利宣言）を採択しました。

91年6月、ルイ16世の国外逃亡（バレンヌ事件）発覚で、国民との溝は深まりました。

パルナーヴらの尽力によって、国会は立憲君主制の1791年憲法を制定し、国民主権・国民代表制・制限選挙制・地方自治などのブルジョア国家原則を定めましたが、人権宣言よりも後退したので、民衆の不満が高まりました。

92年3月、共和派のジロンド派は、王制に代わる政権を樹立しました。これはブルジョア革命の成功を意味します。ちなみに、ブルジョアはフランス語です。

9月21日、戦時体制の強化に反対する王権は正式に停止されて、

国王一家はタンプル塔に幽閉されました。

92年9月、ジロンド派・平原派（中間派）・山岳派（ジャコンバン左派）とからなる国民公会の発足で第一共和政となり、一次恐怖政治期にはいりました。11月20日、ルイ16世の反革命の連絡文書が発見されて、国民公会は全会一致の有罪を宣告をしました。

93年1月17日、数度の投票の結果で、死刑判決に至り、1月21日に国王ルイ16世は処刑されました。これはジロンド派の敗北を示すことになったのです。

③山岳派（ジャコバン左派）革命政府の段階

ジロンド派は国内外政策の失政により、山岳派（ジャコンバン左派）は平原派を取り込み、高まるパリの民衆8万人の蜂起を利用して、93年6月にジロンド派を国民公会から追放しました。

ジロンド派を追放したことによる地方反乱の鎮圧のために、加えて高まる反革命干渉戦争に勝利するために、戦時非常体制が求められた（8月23日の大徴用令）。

さらなる大衆動員は、革命がさらに先鋭化することになりました。内政では風月法などで革命の理想がうたわれましたが、公安委員会を中心とするロベスピエール独裁体制は二次恐怖政治期にはいります。

ポピュリズム（大衆迎合）化した革命裁判所の暴走は、革命勢力の孤立化や混乱、衰退を招くことになりました。地方反乱の鎮圧と反革命干渉戦争の勝利に貢献したのが、下級将校でジャコバン左派のナポレオン・ボナパルトでした。

④総裁政府の段階

3．革命の歴史から学ぼう

反ロベスピエール派による94年7月、テルミドール9日のクーデター成功により、ロベスピエールらの恐怖政治は終わりました。

　テルミドール反動のもと、ブルジョア体制の共和暦3年の憲法が制定され、10月26日に総裁政府が発足しました。しかしながら、王党派とジャコンバン左派の抗争で国政は混迷を深め、ナポレオンは王党派の反乱を鎮圧して混迷の収束に成功しました。その後のイタリア遠征の成功でナポレオンの名声はいよいよ高まりました。

⑤執政政府の段階

　国内の左右対立と国外からの圧迫（英主導の対仏大同盟）の対処に、ナポレオンはブリューメル18日（1799年11月）のクーデターの決行後に、執政政府を樹立することで、革命に終止符がうたれました。

　革命の成果は、1804年「ナポレオン法典」として集約され、その後の日本を含め世界の法典の模範となりました。

　ちなみに、革命の収束者として国民投票で信任を得たナポレオン皇帝はヨーロッパに君臨するも、1812年のロシア遠征に失敗後、没落しました。

　フランス革命は、ヨーロッパ各国に人権尊重や民族自決権などの新時代の気運をもたらしたので、大革命ともいわれています。

　つぎに、当時、世界を震かんさせたロシア革命をドキュメンタリー的にたどりましょう。

（4）ロシア革命

　帝政（ロマノフ王朝）から社会主義国家（ソビエト）にいたる1905年から1917年までの一連の革命をロシア革命と呼んでいます。

①第一次革命
　日露戦争中の1905年1月22日、窮状の改善を求める20万人の請願行動に対して、政府軍の発砲鎮圧により多数の死傷者が出た血の日曜日となりました。そのご、国内各地で革命の気運が高まっての反乱と蜂起が勃発し、皇帝に十月宣言を出させるなど、一連の民主主義成果を獲得したブルジョア革命の側面がみられました。しかしながら、ツアー（皇帝）と外国勢力の反動により1906年6月に国会は解散されられました。

②第二次革命
　1914年からの第一次世界大戦への参戦と敗北は、国内の革命気運が高まって、1917年3月にロマノフ王朝は倒れ、ケレンスキー主導のブルジョア革命が成功(三月革命)する。レーニンは四月テーゼ（1917年4月、レーニンの革命戦術。土地の国有化など）にて、全権力のソビエト（労農評議会）集中を発しますが、その武装デモは鎮圧される。
　コルニーロフの反革命の蜂起が失敗すると、各地のソビエトは急速に革命化して、11月にはボリシェビキは政権をクーデター的に奪取して、世界最初の社会主義国家が誕生しました（十一月革命）。
　革命の影響は、後に先進国に対して8時間労働や女性の地位向上、普通選挙制などをもたらすことになりました。しかしながら、スター

リンは社会主義から逸脱した覇権主義者（権力亡者）と化し、国内外にて暴虐の限りを尽くし、革命の理念は挫折しました。

　レーニンの死後、スターリン体制はプロレタリア独裁といえるもので、人類が希求する社会主義本来の姿ではありませんでした。それは、ロシア社会の後進性に由来するものでしょうか。

　ロシア革命の影響で、ドイツでも革命が起きました。

（5）ドイツ革命

　第一次世界大戦の敗北後、1918年11月に労兵評議会（レーテ）が帝政をたおした11月革命をドイツ革命と呼びます。

　主導の社会民主党は、左派のスパルタクス団（リープクネヒト、ローザ・ルクセンブルグはドイツ共産党を結成）を鎮圧後、1919年1月にワイマール共和国を建国しました。当時、世界で最先端のワイマール憲法を持ちながらも、1929年の世界恐慌の混迷でナチス党のヒトラー政権の実現により、ワイマール共和国は自然消滅しました。

　ロシア革命の影響は中国にも及んでいます。

（6）中国革命

　1911年の辛亥革命から1949年の社会主義革命までをまとめて中

国革命と呼んでいます。これも、ドキュメンタリー的に追いましょう。

①辛亥革命

辛亥革命とは、アヘン戦争（1840年〜1842年）にはじまる清王朝末期の半植民地体制をくつがえす、孫文の三民主義（民権主義・平均地権・資本節制）を基調とした市民革命でしたが、軍閥の袁世凱に横どりされて失敗に終わりました。

②社会主義革命

社会主義革命とは、清王朝を倒しただけの辛亥革命の限界を反省から、広大な地方農村の小・貧農に依拠した反封建・反植民地を目指した農民革命の性格を特徴とします。

辛亥革命後は、ロシア革命影響下の1919年の五四運動・カラハン宣言・21年の中国共産党結成・24年の第一次国共合作・1936年の西安事件・37年の第二次国共合作の抗日民族統一戦争・その後の国共内戦を経て、1949年に社会主義政権が誕生しました。

革命の指導は毛沢東を中心に晩年の文化大革命（1965年〜1975年）の暴虐は彼の評価を大いに下げました。

ようするに、中国革命革命の限界は、孫文の「市民革命」から「ブルジョア革命」を経過せずに、列強諸国による植民地支配（帝国主義）とその後の抗日戦争によって、一気に社会主義革命に突き進んだことです。

中国の社会主義革命が真の社会主義に遠く及ばないのは、文化大革命・天安門事件・人権抑圧事件・尖閣問題・南シナ海進出、さらに最近のひどい汚職報道をみれば、一目瞭然でしょう。それは、中

国が真の民主主義を知らないことによるものです。
　しかしながら、昨今の海外に旅行する大勢の中国人の活気には好感がもてます。それは、先生が少年期に読んだパール・バックの小説『大地』のワン・ルン（王竜）に悲しく同情したものだったからです。
　ロシア革命と中国革命の影響は、南のベトナムにも及びました。

（7）ベトナム革命

　1865年以降、フランスの植民地支配からのホーチミンひきいる独立運動は、第二次世界大戦後の1945年に独立をはたしました（第一次革命）。
　復権を目指すフランスは、ベトミン（ベトナム独立同盟）の間で第一次インドシナ戦争（1946年～54年）をはじめました。ベトミンは勝利するも、54年のジュネーブ協定で南北に分断されてしまい、社会主義国家は北ベトナムに限定されました。
　南ベトナムを支援するアメリカと北ベトナムが支援するベトコン（南ベトナム民族解放戦線）との間で第二次インドシナ戦争（ベトナム戦争1960年～75年）が勃発するも北ベトナムの勝利に終わり、76年にベトナム社会主義国家が樹立しました（第二次革命）。
　その後のベトナムは、86年からはじまるドイモイ政策（市場経済導入など）により、経済の自由化が進んでの発展途上にあるようです。

（8）キューバ革命

　独裁と腐敗のバチスタ親米政権に対して、熱血弁護士だったフィデル・カストロたちは、1953年に武装蜂起するも失敗しました。しかし、56年に再度蜂起し、ついに59年1月バチスタ政権を倒しました。
　1961年4月、アメリカ支援の亡命キューバ人が侵攻のコチノス湾事件を撃退後の5月、社会主義国家を宣言しました。1962年のキューバ危機の後、ソ連と一線を画し、近隣諸国の反政府ゲリラ支援政策をとりましたが、挫折してソ連路線に回帰します。1991年のソ連崩壊後は、混迷期を経て自由経済政策を実施しつつあります。

（9）エジプト革命

　エジプトは、16世紀以降オスマン帝国の属領でしたが、19世紀からはイギリスの統治支配となり、1951年にはイギリス・エジプト条約で独立をはたしました。1952年、G.A.ナセル（元エジプトの大統領）たちの自由将校団は、王制を倒す革命で共和制国家を樹立しました。その後、スエズ運河の国有化や土地改革など、部分的に社会主義的政策をとり、アラブ世界に多大の影響を及ぼしました。

（１０）イラン革命

1960年代、パーレビ国王主導の急激な近代化政策であった「白色革命」は成功せず、むしろ国民各層との矛盾と対決を深めました。

国王側は軍人内閣でもって武力弾圧を強化しますが、これがかえってホメイニ師のイスラム原理主義のもとでの国家再建の気運が高まりました。

1978年から1979年のホメイニ師の革命指導のもと、王制を打倒して、ホメイニ師院政のイラン・イスラム共和国が誕生しました。

以上の10革命の前後の政治体制の変化を表1に示しますが、これは、研究者によっては異論が出るところでしょう。
（註）

表1　革命前後の政治体制

革命前＼革命後	軍事独裁へ	立憲・共和制へ	プロ独裁制へ	民主化改革へ
植民地	中南米1 アフリカ諸国	中国1・アメリカ	中国2・ベトナム1 キューバ1	
君主制		英・仏・日・伊1 エジプト・イラン	東欧諸国1	
帝政	日2	露1・独1	露2	
軍事独裁体制	伊2	中南米2・日3 伊3・西独	東独	中南米3
プロレタリア独裁体制				露3・東欧諸国2・ 中国3・ベトナム2・キューバ2

56

- 英（イギリス）：二つの革命で王政から立憲共和制へ
- 米（アメリカ）：植民地から立憲共和制へ
- 仏（フランス）：大革命後は、第一帝政・王制・第二帝政をへて立憲共和制が確立
- 中南米１：スペイン植民地支配からの独立後の軍事独裁政権　中南米２：軍事独裁政権から立憲・共和制へ　中南米３：議会選挙にての民主化途上
- アフリカ諸国：独立後は混迷体制（完全独裁国が主でほかは、準独裁・準社会主義・準民主主義の混在国）
- 中国１：孫文による辛亥革命　中国２：毛沢東による社会主義革命　中国３：鄧小平らによる経済民主化改革
- 露（ロシア）１：1905,17年３月のブルジョア革命　露２：1917年の11月革命
- 独（ドイツ）１：ワイマール共和国　独２：ヒットラーのナチス政権　東独：ナチス政権からプロレタリ独裁制へ　西独：ナチス政権から立憲共和制へ　独３：東西ドイツ統一政権
- 日１：明治維新革命による立憲天皇制は旧憲法を生む　日２：東条内閣　日３：敗戦による民主化革命は新憲法を生む
- 伊１：立憲王国　伊２：ムッソリーニ政権　伊３：共和制
- ベトナム１：1945年のフランスからの独立革命　ベトナム２：ドイ・モイ政策による経済民主化改革
- 東欧諸国１：第二次世界大戦後の社会主義革命
- 露３、東欧諸国２、ベトナム２、キューバ２：プロレタリア独裁体制から民主化改革途上の国家群

2）革命現象の考察

つぎに、世界史上の革命現象を考察します。

（1）革命が起こる数式

革命の起こりやすさRは、支配と被支配階級間の矛盾の大きさ(矛盾度) Cに比例するとすれば、次の式で表されます。

$$R = aC$$

比例定数aはその国の民度を示し、高いほど革命は起きやすいのです。イギリス革命・フランス革命・アメリカ独立革命がそうでしょうか。矛盾度Cは、民度は低くても、その国の内戦と干渉戦争時に最大となるようです。ロシア革命・中国革命がそうでしょうか。

ここでいう民度とは、民主主義のレベルのことをいっています。

（2）革命の先鋭化

革命は支配階級の"旧教"の権威失墜のもとで、支配・被支配階級間の内戦と国外からの干渉戦争下でポピュリズム化することで先鋭化し、混迷後は独裁体制もしくは旧体制復帰の反動期をむかえますが、その革命精神は法改正など、後世に好影響をおよぼしています。

(3) 革命に血が流れる理由

　なぜ、革命は暴力による流血をともなうのでしょうか？　それは、国家の治安原理が武力（軍隊と警察）に依存しており、小規模の過激な反政府活動に対して大規模な武力抑圧が先行し、これに抗する反政府勢力も増して武力に訴えるといった、たがいに必要悪の関係が高じた結末でしょう。

　流血自体は、階級間の利益の相違を議論によって歩み寄るといった民主主義の未成熟さによるものです。革命は階級テロであり、民族・宗教・宗派・個人テロとともに否定されるべきものです。

(4) 血を流さないためには

　革命は多大な犠牲と悲劇をともなうので、おだやかなる社会改良を望みたいものです。

　それには、平和とすべての人の尊厳を基調とする「棲み分け」と「助け合い」原理にもとづく社会的調和、すなわち民主主義の成熟をはかることです。

　これは、太古より幸せな「家庭」にて実現している自明の理です。

(5) 現在の政治体制の傾向

現在の世界の政治体制は、上の表1（革命前後の政治体制）にあるように試行錯誤もありながらも、うれしいことに！　総じて民主化体制へ収束する傾向が見てとれることです！！

3）革命達成後の古い社会主義国の正体は

いわゆる「社会主義」を標ぼうする国家は存在したし（旧ソ連と東欧諸国）、現在も存在しています（中国・北朝鮮・ベトナム・キューバなど）が、いずれの国も程度の差はあれ民主国家ではありません。

というのも、これらの国は発達した資本主義のもとでの「民主主義」体制を経ずに、先進国の強い抑圧（帝国主義）に反発して建国されたもので、とても「社会主義」といえるものではありません。いわば「疑似社会主義国」といえるものです。

特に、これらの国は国内的には一党独裁による抑圧体制で、対外的には覇権体制です。極めつきは、過去のスターリン（ソ連）・毛沢東（中国）・チャウシェスク（ルーマニア）・ポルポト（カンボジア）政権でした。現在の金正恩(北朝鮮)・習近平(中国)政権もそうです。一方では、ベトナムやキューバは民族性によるものか、独裁制は比較的弱く、市場経済の導入政策も順調に進んでいるようです。

4．解決へのアドバイス

　いろいろ見てきましたが、まとめとして、学生諸君には先生が、息子と娘には父と母がアドバイスすることにしましょう。

１）君のパワーアップは、どうしたら？　（先生と父母より）

　高いパワーを持つ一人ひとりの集まりは、平和で豊かで文化的な社会をつくるでしょう。高いパワーを身につけるにはどうすればできるのかな？　それには自分の理想像をかかげて、こつこつと努力することだ。理想像とは？　丈夫な身体、豊かな知識、崇高な志しなどだよね。丈夫な身体はバランスのよい食事と運動が基本。豊かな知識は、学校教育にＩＴ・ＡＩ技術を取り込んだあとの独学からその道を深める。崇高な志しは、「愛：love」のレベルを上げていくことから生まれると思います。

　幸せなことに、高いパワーの人は、すぐれた仕事ができて、周囲の人からも愛されるはず。

　男子は母親などから早めに家事の大切さを学び、うまくなろう。そうすると外食を減らせるし、結婚後に育児を学べば、共働きパートナーとのよい関係がうまれるだろうね。女子は直感的で素直な正義感を発揮してね。

　「愛：love」のレベルとは、先生の前著でも記しましたが、「愛」レベルことで、人の成長を示したものです。はじめは、「本能愛」と「自己愛」のレベルからはじまり、勉学や努力による才能の発見と展開を求める［才能愛］、社会貢献を目指す「社会愛」へと成長します。

その上に崇高な神性・真理を希求する「真理愛」があります。

２）科学の成果はスゴイ！　（先生より）

・知的好奇心を満足させる宇宙研究については、重力波検出装置の「LIGO」と「Virgo」による重力波の検出成功（2017年8月14日）があり、人類は従来の電磁波（電波・光・X線・ガンマ線など）を超えた宇宙探査の新しいツールを獲得したことになりました。
　また、中性子星の合体検出成功もすごいのですが、これらが軍事目的に悪用されないことを見守りたいな。
　難病を予防し、治療する医学研究については、山中伸弥教授のiPS細胞の実用化研究やゲノム編集技術に期待できるな。
　2017年9月30日からのNHKで放送される「人体」新シリーズは、人体臓器の相互作用の解明をすばらしい映像技術を駆使したワクワクものだ。
　新薬の開発研究については、人体のゲノム解析と編集の具体的な成果に期待できそうだ。
　期待の遺伝子組換えやゲノム編集は、それらのリスク（オフターゲット：はずれ）の想定・評価・減少などのルールづくりが急がれる。
　科学の成果が知的満足や経済効果にとどまらず、人間の科学的な生き方につながれば、人間を支え育てるものの有力な一つになりえるんだ。

3）IT・AI応用のものづくり （先生より）

　ものづくりの後半のライン生産は、産業ロボットにまかせるとして、前半の部分に人間力を注ごう。それは、以前にもいったように、IT・AI利用の新商品の開発研究・設計・意匠デザインです。すぐれた仕事を特許出願や意匠登録そしてブランド化できれば、高い給料がもらえます。

4）今からのおもしろい仕事は？ （先生と父より）

　君と仲間が得意とするところ、あるいは興味ある方面にアンテナをはっておきましょう。そうすると、今までのアート・アニメ・ゲーム・ファッション・美容・エステ・グルメ・レジャー・ペット産業・医療ケア・コンサルティング・科学（化学）技術などに、新たなIT・AI技術を取り込み仲間と起業すれば、ニュービジネスがどんどん出てきます。
　商品やサービスがブランド化できればお金にもなるし、仕事がおもしろくワクワクしちゃうな。
　カリスマ美容師などはそうしたものだ。一つの分野のカリスマになりましょう。
　また、農業や漁業、林業なども、IT・AI・ロボット応用でおもしろいことになりそうだ。新種のフルーツや花の開発はすごい。これからは、情報力と美的センスにすぐれた若い君たちの出番だ。

5）すみ分けと助け合い 　（母より）

　人の才能はいろいろだわ。あなたもがんばって、ひとつのすぐれた才能を見つけなさい。そして、ユニオンへの参加などで助け合うと、楽しく幸せな人生の絵ができちゃいそう。
　世界的には、先進国と途上国の棲み分けをうまくはかることでしょうね。それぞれの経済レベルのままに、不足分のみを貿易にて補うこと。先進国は途上国に対して、やさしく助けてあげることでしょうね。

6）協同組合方式が広がるといいな 　（母より）

　私ね、結婚する前から食べものの安全性を大切にしていたから、生協でしか買わなかったの。生協は、生産者を指定して品質を指示して共同購入するから安心なの。減農薬の有機野菜や良質なお肉を食べたいし、それに GM 作物はさけたいもの。生協方式が医療や介護などに広がるといいかな。
　マンションなんかも、入居希望者の組合が専門家に相談しながら建築業者を選んで契約書を交わして建築にはいるってのは、どうかしら？　そうしたら、マンションの手抜き工事のトラブルもなくなると思うけど。

7）大企業への社会的規制の強化　（父より）

　とにかく、働きに応じた待遇を求めること、働く人の権利は守らさせなくちゃならない。

　税金も中小企業はしっかりとられてるけど、大企業ほど優遇されすぎと思うんだ。それ相応の税金は納めるべきだ。

　大企業を優遇するのは、儲かれば賃金が上がるといういわゆるトリクルダウン（滴れ）の期待によるものだが、現実はまったく逆なんだ。低賃金の派遣社員は減らすべきだと思う。

　さらにいえば、有名な巨大メーカーは最近変だよ。以前は、社内規格はJIS※よりも厳しいことが売りだったんだけれども、近頃は逆になっちゃった。これは、株価を気にしての手抜きによる、目先の利益の追いすぎによるものだと考えられるね。

　ブラック企業は市民権を得られないので、長続きしないな。しっかりしないと、技術的にも中国に抜かれちゃうよ。
※JISとは、日本工業規格のことで、純正の工業製品にはJISマークがある。

8）企業の民主化　（母より）

　最近のTVのCMで、ちょっとほほえましいのがあるじゃない。それは、電力会社やガス会社が、市民安心・見守り・ネットワークサービスをうたっていること。どれほどやれるかはあるでしょうけど。これらは、市民依存企業の市民への忖度かしら？

　以前から、会社経営に社外取締役をおくこと、市民アドイザーや

モニターの意見を取りいれるなどあったけれど、大企業が市民の中にあるというのはとてもよいことと思うわ。

９）SNS問題について　（父より）

　いろいろな種類があって便利なようだが、匿名をよいことに無責任な発信が多いようだ。大事なことは上手にかしこく使いわけること、そして問題は相手を傷つけないことだろう。まだ使いなれてないみたいだけど、おいおい洗練されていくと思う。よい発信は、広がると正しい世論の形成につながるはず。
　考えてみると、スマートフォンを手にする君は、いわば、世の中で独立した君の人格を、周波数で保証された唯一の存在ということなのです。ですから、交信の喜びと同時に責任を負っていることなんだ。

１０）フェイクニュースを見破る　（父より）

　インターネットへの投稿は、発信者を匿名にできることをいいことに、根拠のない放言やフェイクを流してはいけないな。池上彰さんも言ってたよ。フェイクを見破るには、しっかり勉強して教養のレベルを上げておくことだって。それには、父さんからのアドバイスは、『しんぶん赤旗』を読むとこだね。政党機関紙だけど、最良のものだと思う。

１１）北欧諸国やスイスのよい特徴　（母より）

　これらの国は、どの国も人口が少ないことや、ながらく中立的な歴史で、おだやかなよい国になったのね。それに、プロテスタントによる博愛の風土もあって、社会福祉が行き届いているのかもね。これからは、宇宙時代にふさわしい博愛が広がることを願うばかりです。
　母さんは、昨夜遅く、内村鑑三の『デンマルク国の話』をネットの青空文庫で読んだの。"外に広がらんとするよりは内を開発すべきであります"というの彼の言葉は目から鱗が落ちたの。これは、国にも個人にもあてはまる、とてもはげまされる内容なので読んでみてほしいと思う。今からの日本も、こうあってほしいものね。

１２）性教育の問題　（父、母より）

　インターネットを見ると、HIV（エイズ）感染者や女子高生の性病が増加中という書き込みが目につけど、これはどう見たらよいのか？　やはり、インターネットに多くあるように、日本社会の性教育の遅れにあるのか？　性教育は、家庭や学校、社会がそれぞれの役割りでやるべきものだと思けど……。
　子どもは、私たちのラブセックスから生れた宝なのですが、みんなで大切に育てましょう。私たちが仲よく一緒に寝ている様子を子どもたちが見てほほえましく思うように。まずは、私たち大人が勉強しすることが大事です。
　学校は充実した性教育カリキュラムを専門家とともに実施してほ

4．解決へのアドバイス　　67

しい。社会へはアダルトビデオやマンガなどの卑猥すぎる描写にペナルティーを科しましょう。

１３）自分の時間を確保しよう （先生・父・母より）

　退職すると時間はたっぷりあって、なにをしようかと悩む人多いけど、君たちが児童・生徒・学生・社会人へとなるにつれて、意図的に時間を確保しないと自分の時間はとりにくくなるのだ。
　意図的にとは、勉学や仕事時間と自分の時間の両立と切り替えを上手にやることだよ。もちろん、勉学や仕事時間が優先になるが、自分の時間もしっかりと確保しよう。
　特に、勉学をまっとうする青年期の過ごし方が大切になるんだね。時おり、人生ノートに想いを書き残すことは、自分の人生を深めると思うんだ。繰り返していえば、自分の時間は君たちの生活を楽しく、あるいは人生を豊かにするものなんだよ。目を開き、夢を求めてほしいと思う。君たちが仕事や子育てを終えた後、充実した生活がおくれるように、現役の時から準備をしておくことがとても大事なんだ。
　先生は、大学の助手の仕事と共働き家事でいそがしかったけど、組合活動や政党活動もがんばってきました。おかげで、私大の教授にもなれたし、社会に目が広がって人間として大きく成長でき、ITの活用にて２冊目の本も出せたのです。

5．AIは、幸せをもたらすか？
（AIを勉強している先生より）

　最初に、AI（人工知能）の進化の歴史を見てみましょう。
　1956年のダートマス会議から、ゲームやパズルを解くための探索と推論のAIの研究開始。60年代に機械学習の原型が誕生して以来、80年代のエキスパートシステムと人工ニューロン研究を経て、90年代は検索エンジンとインターネットの急速な普及。2006年には機械学習が進化したディープラーニングの原型が登場。11年に、IBM社のワトソンがクイズ番組で人間王者に勝利する衝撃。12年に、グーグル社とトロント大学において、ディープラーニングが進化しての画期的な画像認識が実現（グーグル社の"猫"認識）。同年に、音声アシスタントであるアップル社の"シリ"登場。
　これ以降、ディープラーニングを構築するためのハードウェア・MI（機械学習）ライブラリー・AIプラットフォーム・AIアプリケーションなどにすさまじい展開が続くのです。16年に、ついには「アルファ碁Lee」が韓国のプロ棋士イ.セドル九段に勝利するに至りました。
　AI応用は、今、人活動の全領域にわたって広がってきており、人びとには、やがてはAIに追いやられるのではないかという不安が広がりつつあります。
　しかしながら、AIは、そもそも人が作ったものですから、人を押しのけるものではなく、人を幸せにするものであって欲しいのです。そこで、AIの中身とその活用について、Webサイトを数多く参照して、知っておくべきことを整理しました。

1) 機械学習の進化
①嬰児学習の段階
　嬰児は、母親から発声と発音を学びはじめ、基礎単語から基礎会話へと反復学習しつつ成長していきますよね。機械学習では、まず、この過程をコンピュータに嬰児学習させて、ものの認識と判断を進化させていくのです。
②教師ありの教え込みの機械学習
　学習処理は、そのものの学習データの数量と品質が重要で、これには、データ群の関係を調べ、売上げ予測などに利用する「回帰処理」とデータ群を分類する「分類処理」があり、後者は学習処理と判定処理から成ります。
a. 分類処理の学習処理に関しては、小分けしての「反復ミニバッチ学習法」により、その学習精度を高めて（勾配降下法）、分類器に格納しておき、分類器に学習精度の調整機能を付与することも必要なんですね。
b. 判定処理は、未知データを分類器格納のデータと比較して、推定・判断処理を行ないます。そのアウトプットに対して、人がチェックして修正学習させるアクティブラーニングもできます。
③教師なしの自立の機械学習
　これは、コンピュータに大量の数値データや画像データを与えて、内在するパターンや固有の構造を自律的に学習させていくもので、2012年の「グーグルの猫」認識が典型例とされています。この手法は、クラスタリング（大分け）処理してのレコメンドやターゲットマーケティングなどに応用されています。
④報酬を最大化する強化学習
　これは、将棋・囲碁などのゲームに活用されて、将来的には自動

運転などへの期待もあり、そのアルゴリズム（論理的手順）には、以下のものがあります。
a. バンディエット（盗み取り）アルゴリズム
　これは、優良な選択肢（アーム）を「探索」しつつ「活用」していき、最大の「報酬」を得るアルゴリズムの中で、トンプソンサンプリング方策が最良とされています。
b. Ｑラーニングアルゴリズム
　これは、エピソード（学習）をくり返すたびに、評価値Ｑが改善されていくことで、最大報酬を得る手法です。
⑤ディープラーニング（深層学習）
　機械学習の入力層と出力層の間に、人間の脳神経回路を模擬した多層のニューラルネットワークを取り込むことで、場面によっては人間を超える能力を発揮する。この手法は、従来の機械学習の全ての分野において強力なアルゴリズムとなりました。

2）ディープラーニングの構築と商品展開
　ディープラーニングの構築は、ハードウェア・ML（機械学習）ライブラリー・AIプラットフォーム・AIアプリケーションより成ります。その商品展開は、音声アシスタントにAIスピーカーを組み込んでの利用領域は、企業・個人・家庭・社会へと広がりつつあります。
①ディープラーニングの構築
a. ハードウェア：CG（コンピュータ・グラフィック）処理ユニットのGPU、GPUを高速化したTPU（グーグル社）など。
b. ML（機械学習）ライブラリー：グーグル社のテンソーフロウ・アマゾン社のMXNet・マイクロソフト社のコグニティブ・百度社（中

国）のパドルパドル・日本企業のチェイナーなどがあり、解放されているので利用者は改良もできます。

c. AIプラットフォーム：AIソフト動作用のOSで、グーグル社のクラウドML・アマゾン社のML・アップル社のコアML・IBM社のワトソンほか各社いろいろ。

d. AIアプリケーション：音声・画像・解析・検索など目的に応じての多種多様な展開は目を見張るほどです。

②ディープラーニングの商品展開

a. 音声アシスタント：話し言葉による問いかけや要求に対し、適切な回答や動作をするサービス。これには、アマゾン社のアレクサ（2014）、グーグル社のグーグルアシスタント（2016）、アップル社のシリ（2012）などがあります。

b. AI（スマート）スピーカー：音声アシスタントを取り込んでの利用は、家電制御・音楽選曲・ニュース・買物・検索・メモ帳などと広いのです。これには、アマゾン社のエコー（2014）、グーグル社のグーグルホーム、アップル社のホームポッド（2017）などがあります。

c. AIの利用は、いろいろなところですごく便利になるようです。

・企業では：秘書業務・顧客管理・ネット広告・マーケティング・レコメンドなど。

・個人では：スマホ・タブレット・PC・WD（ウェアラブルデバイス）で多彩なAI利用：ゲーム・アニメ・VR・AR・秘書役・通信・検索・買物・健康管理・株取引・英会話・将来は自動運転車などなど。

・家庭では：家電制御・スマートハウス・オムニチャネル利用など。

・社会では：通信・医療・教育・セキュリティ・インフラなどをイター

ネット上に取り込むIoT（もの）システムの展開などです。スマートシティ構想もその一つなのかな。

3）アルファ碁ゼロへの進化

　最強のアルファ碁ゼロは、囲碁の定石などの知識を与えることなく、強化学習のQラーニングに改良ディープラーニングを利用した特化型（Narrow）AIのDQN（Deep Q.Network）によって実現し、2017年5月にプロ最強の中国の柯潔九段に圧勝しましたよ。

　改良ディープラーニングとは、従来版のアルファ碁における一手予測のポリシーネットワークと勝率予測のバリューネットワークとを統合したもので、デュアルネットワークと呼ばれています。

　アルファ碁ゼロの成功は、認知科学やパターン認識などに著しい進歩をもたらして、戦略ゲームや自動運転技術などにも応用されています。

4）AIの活用は、君らを幸せにします

①ITとAIの活用によって、君らの発信力のパワーはかつてなく強大になっており、グループを作れば、才能の幅は広がって、ますます強力になると思います。
②したがって、君らは、一人でいるよりも企業以外の何らかのグループに属すると、助け合いの精神からすごく有利ですね。これで、君らは知的資本（インテリジェンスキャピタルＩＣ）を保有したことになるわけです。
③グループは、創出されたアイデアを権利化（商標・意匠・実用新案・特許出願など、特に、商標と意匠は有望であると）して、企業と国に売込み、利益をグループメンバーに上手に分配します。ある

いは、日本版グラミン銀行などの資金を受けて、起業化してもよいのです。
④国は、権利化を支援しつつ、その認定の国内条件を緩めます。将来は価値を生むであろうアイデアも買い取ります。これは、国が、国民に、いまあるの生活保護費と諸年金とは別枠の「基礎生活費」（ベイシックインカム）を保証することとなるわけです。
⑤知的資本によって、国からベイシックインカムを獲得した君らは、余暇を、趣味・AI学習・創作・ボランティア活動に費やして、これらからのアイデアレポートを権利化して、売りに出します。
⑥こうして、AIの活用は、君らから危険労働・重労働・長時間労働を解放して、いわゆるブラック企業は消滅していくこととなるわけです。これは、マルクスが予言した近未来社会に通ずるものがあります。

5）AI利用のリスクマネジメント

①AIの悪用は、サイバー攻撃・AI監視社会・世論操作・プライバシー侵害などが想定されるので、これらへの対策も急がれます。
②AIの誤作動による被害としては、株価などの予測や自動運転などにもありそうです。
③IT・AI弱者の救済は、情報弱者が不利益をこうむることがないように対策を講じておくことも必要でしょうね。
　以上のようなリスクマネジメントとして、AIの早期の義務教育化・利用の倫理規定・危機回避策などが想定されます。

6）人の優位を保つには？

　無機質な人は、やがてはAIに隷属していくでしょうよ。そうな

らないためには、日頃から文学などに親しむなどして、人間性をこころ豊かに育んでいくことが大切だと思います。望まれる人間性とは、愛のレベル・善（禅）の心・教養・理想・創造性・審美眼などを高めていくことでしょうか。

【用語メモ】
・機械学習：Machine Learning 略して ML、コンピュータに予め知識・ルールなどを学ばせておき、与える新データに対して判定・分類・関係付けなどを行なわせる手法です。
・強化学習：ML に、「選択肢」と「報酬」を与えて報酬を最大にする手法です。
・検索エンジン：インターネット上の情報をキーワードで検索するシステムで、Google や Yahoo! などがあります。
・エキスパートシステム：コンピュータに専門家の知識を教え込んで、推論させるシステムで、医療診断や LSI 設計などに利用しようとしたものです。
・プラットフォーム：ソフトウェア（ML ライブラリー）を作動させる OS のこと。
・反復ミニバッチ学習法：大量のデータを小分け（ミニバッチ）して、学習をくり返すことで学習効果を上げる手法です。
・勾配降下法：誤差を最小にする自動調整法です。
・AR：オーギュメンティッド・リアリティ：拡張現実と呼ばれ、実際の視界に CG を加える画像処理のことです。
・WD：ウェアラブルデバイスである時計やメガネなどの装身具タイプの小形コンピュータのこと。
・オムニチャネル：多種多様な販路をひとつに統合してまとめるこ

と。
・リコメンド：ユーザの行動履歴を元に物品やサービスを推薦すること。
・IBM 社のワトソン：医療画像や WD の医療診断に期待されています。
・スマートハウス：家庭内のエネルギー消費や空調管理を AI にさせること。
・スマートシティ：街全体のエネルギー消費やインフラ管理を AI にさせること。
・グラミン銀行：バングラディシュ生まれの無担保少額貸出し銀行のことで、2018 年夏には日本上陸の情報もある。

おわりに

　今の世の中の身近なテーマについて、後輩(学生・息子・娘)と先輩(教員・父・母)との対話からはじめました。ついで、差しせまったテーマに話題を広げつつ、過去の貴重な革命の歴史からも多くのことを学びました。最後には、さまざまなテーマ解決へのアドバイスをたくさんあげてみました。

　わかったことは、まず、君たちが幸せに生きぬくことの大切さを自覚することです。そのためには、君たちがまずパワーをつけることからはじめ、世の中にサポートを求めたり、逆にサポートや協力することも大切なことだと認識することです。一人では幸せになれないということでしょうか。

　おかしなことには声をあげ、周囲に相談しつつ行動することです。じっとしてると状況は悪くなるばかりかもしれません。

　人類の歴史を振り返ると、過去に何度も何度も困難な道を迷いながらも、まっとうな道を歩んできました。今、君たちはスマートフォンなどで気軽にすばやく、ほかの人と広くつながりをもつことができるすばらしい時代に生きています。このメリットをいかして、パワーを身つけ、「愛：love」のレベルを高めつつ、「平和と尊厳」を大切にする世の中を目ざして力を合わせましょう。

　今回あげたテーマの多くは政治にかかわることなので、政策と政党を見極めて、選挙には欠かさず行ってください。そうすれば、必ずや幸せな人生が待っているでしょう。

(君たちへの祝福のメッセージとして)
　ホモ・サピエンスは太古より宇宙の主(あるじ)で、今を生きる君たちは、

そのパイオニア（開拓者）です。そして、人類はやっと知恵豊かになってたくましく、神話の神々の山々を越えつつあります。君たちもその山登りに加わろうではないか！

(参考文献)

『難問を解決して幸せに生きるには？』（2015年　小田鴿介　東銀座出版社）
『赤松小三郎ともう一つの明治維新』（2016年　関良基　作品社）
『資本主義の終焉と歴史の危機』（2014年　水野和夫　集英社）
『タックスヘイブンに迫る』（2014年　会田寛　新日本出版社）
『里山資本主義』（2013年　藻谷浩介、NHK広島取材班　角川書店）
『デンマルク国の話』（2011年　内村鑑三　岩波文庫）
『イギリス革命講義・クロムウェルの共和国』（2011年　田中浩・佐野正子共訳　未来社）
『フランス革命（図解雑学）』（2010年　安達正勝　ナツメ社）
『新訳　フランス革命の省察』（2014年　エドマンド.バーグ、佐藤健志編訳　ＰＨＰ研究所）
『フランス革命』（2012年　柴田三千雄　岩波書店）
『図説 フランス革命史』（2013年　竹中幸史　河出書房新社）
『フランス革命と四人の女』（1986年　安達正勝　新潮社）
『新版 世界各国史22 ロシア史』（2002年　和田春樹　山川出版社）
『ロシア革命』（2010年　ロバート・サーヴィス、中嶋毅訳）（岩波書店）
『AI 今知っておくべきこと』（2017年　監修・神崎洋治　笠倉出版社）
『3つのゼロの世界』（2018年　ムハマド・ユヌス著　山田文訳　早川書房）

・小田鴿介出願の公開特許公報：地震抑制に関しては「特開2013-194405」。新灌漑法に関しては「特開2014-50383」。水中触媒燃焼に関しては「特開2005-69498」
・ブリタリカ国際大百科事典 Quick Search Version

付録

付録1 「戦後ゼロ年　東京ブラックホール」
NHK にて 2017 年 8 月 20 日放映

　本レジュメは、1945 年 8 月 15 日から 1946 年 8 月 15 日間の東京を舞台にした上記のドラマ仕立てのドキュメンタリーである。6 回ほど鑑賞し、戦後史のルーツとして著者がまとめたものである。

（1）東京大空襲：10 回以上の空襲で、10 万人余の死者。市街地の 50％強焼失。

2）食糧難：毎月 100 人の餓死者。超満員の買出し列車。駅頭・追跡没収。雑踏のヤミ市。食糧メーデー（1946 年 5 月 19 日、25 万人）。1946 年 5 月 24 日、二回目の玉音放送"辛抱して助け合え"。物資数十億ドル（数兆円）の 70％消える。隠匿物資は政治家・資本家・将校らに流れた。東京湾から発見の 20 億ドル（1 兆円）の金塊はその一部。これは"国家の国民への犯罪だ"と米・歴史家の指摘。

（3）ヤミ市：元締めはテキ屋。商品は盗品、"ヤミ流通品"、隠匿物資の横流し品や進駐軍政商の横流し品など。ヤミ成金続出で長者番付上位を占める。抗争激化で 1947 年 7 月から取壊し開始。

（4）ねぐら：ガード下・土管・防空壕・手掘り穴・バラック小屋など。

（５）戦災孤児：多くの浮浪児はヤミ屋や、やくざの手先に。狩り込み（1匹、2匹と）後施設収容へ。逃げ出し防止で裸の映像。

（６）復員と引揚者：620万人本土帰還。後は、ヤミ商売へも。

（７）不衛生：のみ・しらみは普通。チフスやコレラの大流行。

（８）GHQ：主要建物800の接収など。総経費396億円は日本政府負担。田中角栄米軍の渉外工事で大儲け、後に1947年政界転身。GHQは民主化政策も推進。

（９）東京租界：日本人は立入禁止。日本政府はRAA（特殊慰安施設協会）を設置。米兵相手の公的日本人慰安婦200人。キャバレー群設置などの3300万円は日本政府支出。エンターテイメント産業始まり、ダンサー組合も誕生。

（１０）公職追放令（1946年1月4日）：軍国主義者20万人と衆院議員3割追放。右翼団体27の解散。

（１１）米国：対ソ連・中共対策で旧日本軍協力将校の戦犯追及を免除（2007年CIA文書）は"国家ぐるみの犯罪だ"と米・歴史家の指摘。（註：1946年4月戦犯起訴。1948年11月判決）

（１２）戦後フィクサー：戦前は右翼運動家の児玉誉士夫の暗躍。戦後は保守政界の黒幕へ。

付録　81

（13）天皇の人間宣言（1946年1月1）日：天皇の全国巡幸。戸惑う国民。

（14）新興宗教600誕生："天皇が神様でなくなったから"「踊る宗教」など。

（15）フィナーレ："古きものが全て新しく　平和はいいもんだ　人間性を取り戻した"と。

1947年5月3日、日本国憲法（恒久平和・国民主権・基本的人権の尊重・立憲主義）施行。
1950年10月、反共政策による公職追放解除で、1万人の旧軍人・政治家・資本家ら社会復帰。
1950年レッド・パージは"赤狩り"と称して、1万数千人を超法規的に憲法無視の占領法規にて追放。これは1952年4月の対日講和条約の脱占領・独立時で速やかに追放解除されるべきものだった。
1950年6月から1953年7月までの朝鮮戦争で朝鮮特需が生まれる。

付録2　イギリス革命論

　以下は、トマス・ヒル・グリーンの「イギリス革命講義・クロムウェルの共和国」(1867) の田中浩・佐野正子共訳（未来社、2011) を基調にして、ブリタリカ国際大百科事典 Quick Search Version (2008.1版) も参照して、著者の論考を加えたものである。

1. ピューリタン革命前

（1）王権を制約するマグナ・カルタは1215年にはじまるが、これは王権と貴族連合との妥協の産物であり、世界史上初の"立憲主義"の源となった。

（2）王権神授説に依拠する王権党は、それを制約したい反王権側（当初は貴族連合、後に大商人・富農層ジェントリー）の議会党と永らく対立関係にあった。

（3）14世紀後半にわたってペスト（黒死病）の蔓延は、ローマ教会のカトリックの権威を失墜させた。

（4）1376年に聖書主義のウイクリフは、旧約聖書を英語に初翻訳した。その潮流の15世紀初頭のロラード派オールドカッスルの宗教反乱があり、100年後の1517年のM.ルターの「九十五カ条の提題」は一大宗教改革の先駆けとなった。

（5）これらを背景にして、ローマ教会からの離脱を希求する国民的機運が高まり、1534年、ヘンリー8世は自らの離婚問題にかこ

つけてイギリス国教会を創設させた。

(6) 議会党は、中農層のヨーマン・新興市民階級層を取り込んで勢力を拡大し、1628年には王権神授説に代わる王権契約説に基づいての権利請願等を獲得した。

(7) ルター主義が資本主義的に進化したカルバン主義は、新大陸からの梅毒汚染（1497年～）を排する純潔主義のピューリタン（清教徒）を新興市民階級内に急速に増殖させて、その支持階層によって長老派・独立派・平等派に分化していったが、国教会側からの弾圧もあって、その一部は1620年にピルグリム・ファーザーズとして新世界・アメリカにメイフラワー号で渡った。

(8) ピューリタンは王権契約説から離れて、神の摂理に基づくコモンウェルス（共和制国家）の実現を理想とした。

2.ピューリタン革命（1640年から1660年の市民革命）
(1) 1639と40年、国王・チャールズ一世は、イギリス国教会強制の対スコットランド戦争の開戦に際して、緊急招集の短期議会に戦費調達を要請するも、拒否議決により敗北し、敗戦後の戦後賠償金も拒否された。これは王権契約説の破綻はたんのはじまりである。オリバー・クロムウェルは有力議員として議事・議決をリードした。

(2) その直後の長期議会は、チャールズ一世の側近の処刑・大権裁判所の廃止、さらに王権を制約する大抗議文の提出で、国内の国王派と議会派の対立は激化してついには内戦状態に突入した。議会

内の独立派のクロムウェルは、平等派と結んで革命の主導権を握るとともに、43年創設の議会派の鉄騎隊を引き継いた45年のニュー・モデル軍の統帥権を獲得した。

（3）1642年、44年、45年の国王派の度重なる敗戦後、47年にクロムウェルは国王の復位交渉に努めたが、これを国王チャールズは拒否する。48年国王派の敗戦後の12月、プライドのパージによって議会から長老派を追放した後、49年1月にチャールズ一世を公敵として、処刑した。それまでの経緯は「イギリス革命講義・第2講」に詳述されている。

（4）その後ピューリタン主導の下、共和制・王制復古・寡頭制を巡る議会・軍・王党派・長老派・聖徒・セクト各派の諸矛盾による混迷状態の中で、クロムウェルは平等派とディッカーズ（土ほり人）の乱を鎮圧し、王党派と上院を廃して1649年5月に、クロムウェルの共和国が誕生した。

（5）クロムウェルは、51年の「航海法」に始まる対オランダ戦争に勝利した。その勢いで53年に議会派を解散させた後に、統治章典による護国卿としての独裁政治がはじまる。

（6）58年クロムウェルの死去後の60年に王制（チャールズ二世）は復古した。
　ちなみに、1649年のディッカーズ（土ほり人）の乱は、貧農集団による土地共有の共産社会を掲げるが、クロムウェルにより即刻鎮圧された。かの乱は共産主義の社会的事件の先駆けとして記され

付録　85

ている。この潮流は、フランス革命末期のテルミドール反動下の1796年5月のバブーフの陰謀事件に再現される。バブーフは、私有財産否定の共産主義思想の先駆者とみなされている。

3．名誉革命（1688年〜1689年）

　名誉革命は、旧教徒重用の専制政治に戻すジェームス二世を議会派が無血追放することで、権利章典にて議会の優位性・臣民の自由と権利の保障・プロテスタントの権利の正当性を確立した。革命後イギリスが一大強国になるとともに、王権神授説を否定するホッブスやロックの社会・政治論は、イギリス革命の正当性に確信を与え、後のフランス革命を支えた啓蒙思想を生むことになった。

4．ピューリタン革命の歴史的評価

　ピューリタン革命は、①非国教徒の諸集団を生み出しながらも、旧教（カトリック）からの反動を食い止めて、ピューリタンが勝利したこと。②歴史的には、以前の封建制から絶対王制に移行することを阻止したことと、グリーンは評価した。

　ちなみに、上記②項に関して、後の先進諸国（仏独日）はいずれも封建制から絶対王政に移行しているので、ピューリタン革命の世界史的意義は特筆に値すると思う。

　加えて、社会改良主義者のグリーンは、福祉国家の理論的な源流をピューリタン革命に求め、福祉国家の実現には社会支配階級（資本家や企業家）の自由経済主義に正当な規制を加えるべきと主張した。これは、現在の日本にも適用されるべきものであろう。

付録3　フランス革命論

　重農主義政策のもと、商工業の発展によって人口大国となったフランスにおいて、市民階級の台頭は目覚ましかった。
　絶対王政を批判する啓蒙思想（ヴォルテール・モンテスキュー・ディドロー・ルソーなど）の普及のもと、アメリカの独立宣言（1776年）の影響もあって、機能不全のアンシャンレジーム（旧制度：全国三部会）からの脱却を求める1789年から1799年までの一連の市民革命をフランス革命と称する。
　当初は、国民議会内のジロンド派主導のブルジョア革命からはじまり、その後の国民公会にてロベスピエール（山岳派：ジャコバン左派）は、議会外のサンキュロット（民衆）・地方小農民の民衆蜂起に呼応して人民革命を主導するが、ポピュリズム化することで失速し破綻する。
　国内の反乱及び隣国からの干渉戦争の収束に登場したのはジャコバン左派のナポレオン・ボナパルトであった。
　フランスにおける一連の革命運動は、政治結社：ジャコンバン・クラブの変遷と共に推移していくが、それは欧州諸国の支配者には恐怖、被支配者には歓喜の激震をもたらしたであろう。
革命の展開を段階的に追ってみる。

（1）革命前の段階：賢王ルイ16世は、七年戦争の新大陸版のフレンチアンドインディア戦争（1754年～63年）敗北とアメリカ独立戦争（1775年～83年）支援による財政危機打開のために「名士会」を招集（1787年12月）、第一身分（聖職者）・第二身分（貴族）への課税案を提示する。これに反対する法官層と貴族の抵抗によって、

89年5月5日の選挙で聖職者・貴族・第三身分（平民）からなる全国三部会が170年振りに再招集された。

　当時、聖職者・貴族には免税特権がある一方で、第三身分の8割を占める農民は年貢・賦役・重税にあえぎ苦しんでいた。また、重税と低賃金による都市民衆サンキュロットの窮状も看過できなかった。これは、今日の日本における巨大企業への減・免税措置を補う消費税引き上げ政策に酷似している。

（2）ジロンド派によるブルジョア革命の段階：1789年を継時的に追ってみる。

　1月、シェイエスは「第三身分とは何か」にて、第三身分の覇権を宣言する。

　6月10日、第三身分は、「全国三部会」において第一・第二身分に合流を呼びかける。

　6月17、第三身分は、合流者と共に「全国三部会」を離れて「国民議会」を結成する。

　6月20日、第三身分は、憲法制定を「テニスコートの誓い」にて宣言する。

　6月23日、国王は親臨会議にて税負担の討議は身分別に行なうことを命令する。

　6月27日、国王追認の下に「国民議会」への合流は高まって、国会が誕生する。

　7月6日、国会内に「憲法制定委員会」が設置され、「憲法制定国民議会」に改称される。

　7月12日、生活困窮のパリ民衆は、ルイ16世による改革派の財務総監ネッケル罷免と政府軍集結事態に動揺し、武装蜂起を決意す

る。
　7月13日、パリ市にブルジョアジー市民による国民衛兵隊が組織される。
　7月14日、パリ民衆はまず、廃兵院を襲って大量の武器を奪った勢いで、圧政の象徴のバスチーユ牢獄を国民衛兵隊とともに襲撃する。この直後、パリは自治権を獲得して、国王と和解する。赤・青（パリ市）＋白（王室）の三色旗が誕生する。都市の自治権は地方にも波及し、年貢台帳を焼くなどの農民反乱が頻発する。
　8月4日、国会は急遽、農村の大恐慌パニックを収拾するための「封建制度廃止宣言」を採択する。
　8月26日、国会は歴史的な「人権宣言」（人間および市民の権利宣言）を採択し、これまで苦しんできた民衆に開放の歓びをもたらした。
　10月5日、パリ女性8000人とラ.ファイエット率いる国民衛兵隊2万人のヴェルサイユ行進は、国王一家のパリ移住を生む。
1790年は、7月14日の全国連盟祭（パリ祭）にて国内の愛国統一機運が高まる。
　91年は、6月のルイ16世の国外逃亡（バレンヌ事件）発覚で国民との溝は深まる。
　7月、ラ.ファイエットの国民衛兵隊は戒厳令のもと、赤旗を掲げた急進共和派をシャン・ド・マルス練兵場にて虐殺。翌年民衆は赤旗を掲げて共和制を求めて決起する。
　8月、オーストリア皇帝とプロシア国王は「ピルニッツ宣言」にて軍事干渉を予告。
　9月、バルナーヴらの尽力によって、国会は立憲君主制の「1791年憲法」を制定し、国民主権・国民代表制・制限選挙制・地方自

治等のブルジョア国家原則を定めたが「人権宣言」よりも後退したので、民衆の不満が高まる。時を同じく、女権主義者のオランプ.ド.グージュは、男女平等をうたう「女性の権利宣言」を発表する。

92年3月、共和派のジロンド派は、王制に代わる政権を樹立。4月、「自由の十字軍」を掲げて対オーストリア戦争に突入を決定する。

6月20日、戦時体制強化2法案の国会採択に対するルイ16世の拒否権発動に、パリ民衆はチュイルリー宮殿に押し掛け、抗議する。

8月10日、女性革命家テロワーニュ率いるサンキュロット（パリ民衆）と連盟兵団（地方の国民衛兵隊）は一斉に蜂起し、その混乱収束に国会は王権の停止を決定。

9月2日、収監の囚人約1100人（反革命派を含む）をパリ民衆が襲撃・虐殺する九月虐殺事件が起きる。これは、プロシア軍侵攻に怯えてのマラーとダントンの扇動によるもので、この反省から政府は、翌年の3月に革命裁判所を開設することになる。

9月20日、ヴァルミーの戦いにてプロシア軍を撃退する。

9月21日、戦時体制強化に反対する王権は正式に停止されて、国王一家はタンプル塔に幽閉される。

92年9月、ジロンド派・平原派（中間派）・山岳派（ジャコバン左派）とから成る「国民公会」の発足で第一共和政となり、一次恐怖政治期に入る。当時、恐怖政治は支配階級に対する被圧民衆の正当防衛とみなされた。

92年11月、ルイ16世の反革命連絡文書が発見されて（11月20日）、「国民公会」で絶対多数の有罪宣告後、多数票差での死刑判決（93年1月16日、17日）に至る。これは、ジロンド派の敗北を示すことに。1月21日、国王ルイ16世は彼が改良したギロチンで処刑さ

れる。

　その後、革命の進行を恐れるジロンド派の国内外政策の失政により、山岳派（ジャコバン左派）は平原派を取り込み、高まるパリの民衆8万の蜂起を利用して、93年6月にジロンド派を「国民公会」から追放した。騒乱収束のために「'93憲法」を採択した。

　93年2月、対欧州戦争の拡大と3月ヴァンデ地方の反乱により、戦時諸政策を採る。

（3）山岳派（ジャコバン左派）による革命政府の段階

　ジロンド派を追放したことによる地方反乱の鎮圧のために、加えて高まる反革命干渉戦争に勝利するにはさらなる大衆動員が求められ、戦時非常体制づくりの93年8月23日の「大徴用令」となった。

　革命が最終段階にはいると、7月13日シャルロット.コルデ嬢（7月17日に処刑）によるマラーの暗殺もあって、クレール.ラコンブ率いる「革命的共和主義女性協会」や社会主義を希求する「アンラジェ」は、革命を下から支えようとしたが尖鋭の故に排除された。

　また、革命からの女性排除により、93年11月、「女性の権利宣言」のオランプ.ド.グージュとジロンド派の論客ロラン夫人が断頭台に消えた。

　公安委員会を中心とするロベスピエール独裁体制は二次恐怖政治期にはいる。6月から1か月半の間に1300人が処刑された。こうしたポピュリズム化した革命裁判所の暴走は、革命勢力の孤立化・混乱・衰退を招くことになった。

　地方反乱の鎮圧及び反革命干渉戦争の勝利に貢献したのが、下級将校でジャコバン左派のナポレオン・ボナパルトであった。

（4）総裁政府の段階

94年7月27日の反ロベスピエール派によるテルミドール9日のクーデター成功により、ロベスピエールらの恐怖政治は終焉する。革命期の禁欲主義の反動で、享楽ムードをタリアン夫人などが奏でた。

95年10月26日、テルミドール反動の下、ブルジョア体制の「共和暦3年の憲法」が制定され総裁政府が発足するが、王党派とジャコンバン左派の抗争で国政は混迷を深めその収束には、強力な独裁者の登場が待たれた。予備役のナポレオンは王党派の反乱鎮圧、外征ではイタリア遠征成功で彼の名声を高めた。なお、アシニャ紙幣の発行やメートル法の普及は、総裁政府の新機軸であった。

96年5月の「バブーフの陰謀」の発覚事件は、財産の共同体所有の共産主義思想の萌芽で、そのフリーメイソンの組織形態は、立憲自由のカルボナリ党へと引継がれる。

（5）執政政府の段階

国内の左右対立と国外からの圧迫（英主導の対仏大同盟）の対処に、ナポレオンは99年11月のブリューメル18日にシェイエスと図ってクーデターを決行、リシュアン（ナポレオンの弟）の機転により成功。新執政政府は革命時代に終止符を打ち、ナポレオン独裁体制になる。

革命の成果は、1804年の「ナポレオン法典」として集約され、その後の日本を含め世界の法典の模範となった。

1804年5月革命の収束者として国民投票で帝位に就いたナポレオンはヨーロッパに君臨するも、12年のロシア遠征に失敗後に没落するが、フランス革命はヨーロッパ各国に新時代の機運をもたら

した。

　フランス革命において女性たちは節目節目で活躍するが、落ち着くと男性のエゴにより政治的に弾圧された。これは、「自由と平等」を理想とした革命の終焉を意味し、以降は革命の反動期にはいり、ついには「テルミドールのクーデター」を迎えることになった。すなわち、以上は、フランス革命の歴史的限界を示すものであるが、女性の活躍は後世に残る記憶となった。

（6）フランス革命後

　1814年5月3日、ルイ18世は王政復古6月4日の「1814年憲章」はブルジョア体制の欽定憲法。

　15年3月21日、ナポレオン皇帝復帰。6月18日、ワーテルロー敗戦で6月22日に退位する。

　15年8月、ルイ18世復位。弟のシャルル10世は1824年王位に就く。30年5月の「七月勅令」は、ブルボン正統主義の反動政策で「七月革命」（ドラクロアの名画『民衆を導く自由の女神』）を招き、ブルボン朝は崩壊した。

　革命後、オルレアン家のルイ・フイリップ王は、ブルジョア体制の立憲君主制（七月王政）をとる。産業革命の進展に伴って、制限選挙で排除された労働者・小農民の不満は高揚する。

　48年、小説『レ・ミゼラブル』の「二月革命」で第二共和政の立憲共和制になる。経済恐慌に苦しむプロレタリアは反政府暴動（六月事件）を起こすが、政府軍により鎮圧される。

　52年12月2日から70年9月4日までのナポレオン3世の独裁体制（第二帝政）は、普仏戦争敗北で終焉した。

　70年7月1日の普仏戦争敗北及び第二帝政の崩壊等で、71年3

月18日、パリに社会主義的市政の「パリ・コミューン」が誕生するが72日後の5月28日、政府軍によって鎮圧された。フランス革命の理念が社会的に定着するのは、1870年からの第三共和政（1940年まで）になってからである。

　1944年から58年の第四共和政の第二次大戦後の45年に女性参政権がはじめて実現した。

　1958年から第五共和政になる。

付録4　ロシア革命論

　帝政（ロマノフ王朝）から社会主義のソビエト体制に変わる1905年から1917年までを狭義のロシア革命、1900年〜1927年までを広義のそれと称する学説もある。

1．ロシア革命前
（1）資本主義の萌芽期（1820年代）
　ニコライ1世治世下の産業資本主義の萌芽期ロシアでは、立憲制と農奴制廃止を画策するデカブリストの1825年の蜂起は弾圧されたが、改良諸政策をもたらした。また、不凍港を求めての数度の対トルコ戦争の後、1853年の英仏支援のクリミア戦争の敗北はロシア社会の後進性が露見した。

2）産業資本主義の成長期（1862年〜）
　1861年に始まった農奴開放（有償）などのアレクサンドル2世の近代化諸政策は、近代化をはかる上からの一大改革であった（ちなみに、アメリカの奴隷解放は1863年）。
　これらは中世的な旧社会を改革し、産業資本主義の成長をもたらすものであったが、農民の一部は都市プロレタリアへ、一部は農村プロレタリアへと分化していった。旧来からの農村共同体「ミール」は農村の救貧・連帯責任・監視制度として残り、これが後の「ナロードニキ」の革命論の対象根拠となった。「ナロードニキ」とは農村人民解放主義者のことで、革命結社「地と自由」を生み、1890年代では、ナロードニキ各派が合流しての社会革命党（エス・エル）はボルシェビキと並ぶ革命党となった。

（３）産業資本主義の発展期（1870 年～）

　鉄道建設・鉄鋼・石油・繊維工業分野における産業資本主義の発展期を迎え、産業労働者の急増を見ることに。バルカン半島進出を狙うロシアは、1877 年に露土戦争に勝利するも、国内ではテロルが頻発し、81 年 3 月のアレクサンドル 2 世の暗殺となった。

　息子のアレクサンドル 3 世は、弾圧政策の一方では社会改良諸政策をとった。かたや、亡命ナロードニキのプレハーノフらはマルクス主義に染まっていくことになる。

２. 日露戦争と第一次革命（1905 年）
（１）革命政党の創設

　1890 年の不況のなか、社会各層の不満は学生運動・民族運動・労働運動と展開していった。この時期革命政党の創設が相次ぎ、これらが 11 月革命を担うことになった。

　1898 年 3 月、社会民主労働党は、1903 年 7 月の第二大会にてメンシェビキとボルシェビキに分裂する。12 年には両者は絶縁した。01 年 8 月に社会革命党（略称エス・エル）、05 年には立憲民主党（略称カデット）が誕生した。

（２）第一次革命

　朝鮮・満州の支配権を巡って、ロシアと日本の両帝国主義間の日露戦争中の最中、1905 年 1 月 22 日は、首都ペテルブルグにおいて窮状改善の 20 万人の請願行動に対して、政府軍の発砲弾圧により多数の死傷者が出た「血の日曜日」となった。

　国内の大騒乱のもとに、敗戦で不利なロシアはアメリカの仲介にてポーツマス条約を結んだ。終戦後も、国内各地において革命機運

が高まって反乱・蜂起が頻発し、ニコライ2世に「10月宣言」を出させるなど、一連の民主主義成果を獲得した一次ブルジョア革命の側面がある。しかしながら、ツアー（皇帝政府）の反動政策により、06年07年の第一と第二国会は解散させられた。

3. 第二次革命前（1906年～16）
（1）ストルイピンの農業改革期（1907年～11年）
　日露戦争の敗戦によって、産業ブルジョアジーは農村を資本主義的に再改革することを求め、これを受けてストルイピンは旧来の地主制度を廃し、アメリカ型の自作農制度へ切り替える方式を採用した。
　これで農業生産力は高まり国力は回復・増強されるが、一方では小農民は生活に追われて農地を売却し、都市に流入した。11年9月、ストルイピンは暗殺された。

（2）ブルジョアジーの政権願望と王朝の権威失墜
　ストルイピンの農業改革によって、ロシア資本主義は成熟期を迎え、12年の第四国会選挙ではブルジョアジーは多数派を占めた。
　ちなみに、レーニンのボリシェビキは労働者クーリヤ（割当）の6議席を独占した。
　一方では、ニコライ2世の王朝は、皇太子の血友病治療にかこつけての妖僧ラスプーチンの暗躍とスキャンダルにより、ロマノフ王朝とロシア正教会の権威は失墜していった。

（3）第一次世界大戦期（1914年～17年）
　ストルイピンの農業改革は、富農層の購買力と資本力を高めるこ

とでロシア資本主義を強化した。
　しかしながら、同時に発生した農村と都市の膨大なプロレタリアの存在は国内市場を狭め、産業資本は軍需産業化することでロシア資本主義の帝国主義化を早めた。
　そして、農業国ロシアは穀物の輸出のための不凍港を求めて、南下政策を軍事的侵略で実現しようとした。
　当時、衰退期のオスマントルコの領有域を巡って、ドイツとロシアの対立はついに1914年7月15日オーストリア（ドイツ系）のセルビア（ロシア系）への宣戦に端を発し、それは、露・英・仏対独・墺の対決に拡大して第一次世界大戦に至った。
　メンシェビキとボリシェビキを除く立憲民主党（カデット）・社会革命党（エス・エル）なども祖国防衛戦争とする翼賛体制で以て対ドイツへの開戦となった。
　タンネンベルクの大敗後、国内の諸困難（食糧難・戦時インフレ・徴兵など）が露呈して、厭戦機運が高まるにつれて、ボリシェビキの正統性が国民の前に実証されていったことは興味深い。

4．二次ロシア革命（1917年）
　第二次ロシア革命は、ブルジョア政権樹立の三月革命から転じてのプロレタリア政権樹立の十一月革命までをいう。

（1）三月革命、ブルジョア政権の樹立
　大戦中、ロシア産業ブルジョアジーは急成長し、そのカデットは戦争継続を推進するが講和派（ツアーを支持する富農層）との対立を深めた。
　一方では、労農階級は兵役・戦時インフレ・食糧難（鉄道の軍事

優先による）などの困窮状態は極まって、各地でストライキや一揆が勃発、軍隊との衝突も頻発した。

政局は、ツアー政府の講和派とブルジョアジーのツアー退位派（カデット）の抗争状態に至った。

当時、ボリシェビキは流刑と亡命で弱体化しており極度の政局の混迷状態は軍隊さえも革命色を帯びはじめる。ついに、1917年3月、カデットとエス・エル右派はニコライ二世を退位させて、臨時政府を樹立した（3月革命）。

一方では、エス・エル左派とメンシェビキは「ソビエト」（評議会）の形態で権力を形成するといった二重権力状態となるが、要するに3月革命は二次ブルジョア革命の性格であった。

(2) 11月革命、社会主義国家の誕生

臨時政府と労農ソビエトの二重権力状態のなか、ブルジョアジーの政権である臨時政府は戦争継続路線を採るのでブルジョアジー対労農階級との対立は深まっていく。

1917年4月レーニンは亡命先のスイスから帰国し、「四月テーゼ」でボリシェビキによる社会主義革命の基本路線を提示し、激論の末、スローガンである「すべての権力をソビエトに」は、ボリシェビキの綱領として採択された。

7月3日困窮を極めたペトログラードの軍隊と労働者は武装蜂起を起こす（7月事件）が失敗し、レーニンはフィンランドへ亡命、ボリシェビキは弾圧を受けた。

7月事件で自信を得た最高司令官のコルニーロフは、カデット支持の下に臨時政府を倒すべく8月25日「コルニーロフの反乱」を起こしたが、ソビエト派の工作により失敗した。同31日ペトログ

ラード・ソビエトは、ボリシェビキ主導の下にソビエト左派政権の樹立を採択した。

9月、戦時下の食糧事情の悪化・工場閉鎖・農民一揆頻発のもとに国民は、ボリシェビキへの支持を強めていき、エス・エル左派とメンシェビキ中央派もボリシェビキへと合流する。

10月9日レーニンは帰国し、24日「ペテログラード・ソビエト」は武装蜂起を決行し、中枢官庁や国立銀行最後には冬宮の占拠に成功した。

10月26日、第二回全ロシア労兵代表ソビエト大会にて、「平和・土地・民主化」宣言を採択し、ソビエト政権の樹立を以て11月革命の成功を達成した。

この時点では、社会主義的要求は含まれていない。10月27日から29日にかけて、ボリシェビキの人民委員会はほかの政権構想を排除しつつ、首都の反革命の内乱を鎮圧して、革命を守った。

5. ロシア革命後

（1）1918年以降1927年まで

1918年3月ボリシェビキは「ロシア共産党」となる。英・仏・独・墺・日からの干渉戦争及び国内の反革命勢力（白軍）との内戦状態から、国内各地の革命委員会は地方統治の集権化を強めつつ、赤軍は次第に国土を回復していった。

旧ロシア帝国の周辺国は、相互に対等な「自治共和国」として「ソビエト社会主義連邦」に統合された（1922年12月）。

しかしながら、「食糧独裁令」、「政教分離政策」などの「戦時共産主義政策」は、都市と農村及び社会と経済に疲弊と混乱をもたらした。そこで、一部に資本主義の経済政策を導入した「ネップ（新

経済政策）」、スターリンの「一国社会主義論」及び周辺国との国交回復は、疲弊と混乱を次第に収束しつつ国力は回復していった。

　さらに工業化資金調達のために進めた穀物政策の失敗を解消するために、農民集団化（コルホーズとソホーズ）を強引に進めた結果、農村にさらなる甚大な疲弊をもたらした。

　一方では、初等・中等・高等教育制度の抜本改革により、識字率・科学・技術・プロレタリア文化全般に関して目覚ましい進展を見たのも事実である。

（2）1928年以降1933年まで
　1929年から重工業化政策を盛り込んだ「第一次5ヶ年計画」の実施へと移行していくが、一方では、過酷な農産物の調達により農村では数百万人の餓死者を生むことにもなった。

　スターリンの「階級闘争激化論」や「文化革命論」は革命の一層の左傾化をもたらして、ソビエト社会にブルジョア要素の排除・粛清が襲った。

　かたや、世界恐慌（1929年）がソビエトの計画経済の優位性を認めて、急激な工業化に成功していく過程でもあった。1933年からの「第二次5ヶ年計画」の成果は、ソビエトの工業力が英・仏・独を凌いで米国に次ぐ世界二位を占めるに至った。

6．ロシア革命の影響と終焉
　ロシア革命の影響は全世界に広がって、各国の「共産党」が誕生した。そして、当時の先進国においては8時間労働制・女性の地位向上・普通選挙制などが、後進地域に向けては民族自決権が波及することになる。

レーニンの死後、スターリンはジョージア（当時はグルジア）のキリスト教神学生の出自によるものか、ドグマティズム（教条主義）に陥って、国内では粛清、国外では覇権主義の誤りを重ねて、ツアーリズムの圧政を踏襲することになった。
　スターリン体制はプロレタリア独裁といえるもので、科学主義や独ソ戦に勝利した功績はあるものの、人類が希求する「社会主義」本来の姿ではない。それは、ロシア社会の後進性に由来するもので、必然的に 1991 年ソ連共産党は解散し、ソ連邦も解体した。

小田　鵠介（おだ　こうすけ）

1943 年 1 月	福岡市博多区吉塚白土邸別宅にて誕生
1962 年 3 月	福岡県立福岡高校卒業
1967 年 3 月	九州大学工業教員養成所卒業（機械工学科）
1967 年 4 月	九州大学生産科学研究所就職（国家公務員上級甲）
1984 年 3 月	生研退職（17年間勤務）。4 月 1 日東亜大学へ転職（講師）
	5 月に工学博士
1985 年 4 月〜88 年 3 月	九州工業大学（二部）非常勤講師
1986 年 4 月	東亜大学助教授
1988 年 4 月	北九州高専非常勤講師
1989 年 4 月	東亜大学教授昇進
2006 年 4 月	同大学特任教授
2009 年 4 月	同大学客員教授
2011 年 3 月	客員教授退任
2018 年 3 月	北九州高専非常勤講師退任

前著『難問を解決して幸せに生きるには』（2015 年　東銀座出版社）

『若者たちへ伝えたいお話』

2018 年 7 月 10 日　第 1 刷発行 ©

著者　　小田　鵠介

発行　　東銀座出版社

　　　〒 171-0014　東京都豊島区池袋 3-51-5-B101
　　　TEL：03-6256-8918　FAX：03-6256-8919
　　　https://1504240625.jimdo.com

印刷　　モリモト印刷株式会社

小田鵠介の本

『難問を解決して幸せに生きるには？』

（2015年6月　東銀座出版社）

大好評だった前著。若者たちへ緊急提言。大地震、温暖化、原発、格差社会。山積する難問への処方箋を独自理論で提示。半世紀におよぶ研究のエッセンス。